U0819475

中国学术精品文库 • 管理学

欠发达地区
农民合作扶贫模式研究

刘宇翔 著

Qianfada Diqu Nongmin Hezuo Fupin Moshi Yanjiu

中国财经出版传媒集团
中国财政经济出版社

图书在版编目（CIP）数据

欠发达地区农民合作扶贫模式研究／刘宇翔著．—北京：中国财政经济出版社，2019.6

ISBN 978－7－5095－9028－7

Ⅰ.①欠… Ⅱ.①刘… Ⅲ.①不发达地区－扶贫模式－研究－中国 Ⅳ.①F126

中国版本图书馆CIP数据核字（2019）第102222号

责任编辑：彭 波　　封面设计：卜建辰

责任校对：徐艳丽

中国财政经济出版社 出版

URL：http：//www.cfeph.cn

E－mail：cfeph@cfemg.cn

（版权所有 翻印必究）

社址：北京市海淀区阜成路甲28号 邮政编码：100142

营销中心电话：010－88191537

北京财经印刷厂印装 各地新华书店经销

710×1000毫米 16开 15印张 200 000字

2019年6月第1版 2019年6月北京第1次印刷

定价：58.00元

ISBN 978－7－5095－9028－7

（图书出现印装问题，本社负责调换）

本社质量投诉电话：010－88190744

打击盗版举报热线：010－88191661 QQ：2242791300

前　言

到2020年我国将实现全面脱贫的目标，目前我国已经进入全面脱贫的攻坚阶段，政府采用多种扶贫方式帮助贫困人口脱贫，以精准扶贫为指导思想，推进一线的扶贫工作，取得了丰硕的成果。在众多的扶贫路径中，农民合作社也是扶贫的重要路径之一，基于深入的理论探讨和实践调研，本书构建了以农民合作社为载体的扶贫模式即农民合作扶贫模式，推进欠发达地区的扶贫工作进程，为贫困地区农民脱贫构建了一个可持续发展的扶贫经济组织体系，为政府扶贫工作提供新的思路和模式，通过农民合作社扶贫体系实现政府主导，扶贫主体多元化、扶贫资源内外整合联动的协调发展路径，将农民合作社发展资源、扶贫资源、农民资源、农村集体经济资源、政府扶贫资源、社会慈善资源有效的整合，进一步提高政府扶贫资金的使用效率和乘数作用，鼓励并带动社会多主体参与扶贫事业，激发贫困人口自我扶贫的能动性，从输血式扶贫转为造血式扶贫，提高贫困人口的组织化程度，降低返贫发生率。

虽然学术界在关于扶贫是否是农民合作社本质属性和功能方面，国内外学者没有达成共识还在进一步的探讨中，有些学者认为农民合作社是天然的扶贫载体，有些学者认为农民合作社只是可以用于扶贫，有一定的扶贫效果，并非合作的本质属性，合作社与扶贫没有必然、本质性关系。但是农民合作社在实践中的扶贫效果已经得到广泛的认同，无论在发达国家的农民合作社发展历史，还是欠发达国家农民合作社的推广和运用，农民合作社的发展对贫困农户经济收入提升、人力资源提升的作用是不可忽视的。在前人研究的基础上，通过对合作与扶贫的理论机理分析，本书认为合作是弱者的联合，扶贫是农民合作社天然属性和本质功能。从农民合作社的历史可以看出，合作社起源就是为了帮助贫困人口的联合发展，农民合作社的发展推动了农民收入的提高和农村社区的发展；从农民合作社的七个原则可以看出，农民合作社具有天然的溢贫效应，农户可以根据自己的需要选择加入不同的合作社，并通过经济参与活动相应的收益；从农民合作社发展目标来看，农民合作社具有经济目标和社会目标双重属性，其目标是成员福利最大化而不是经济利润最大化。

在前人研究的基础上，本书提出了农民合作扶贫模式："以贫困农民为主体成立农民扶贫合作社，整合贫困地区农民、农村发展资源如资金、土地、劳动力、旅游资源、无形资产、政策等，农民扶贫合作社作为贫困农户与外界资源对接的载体，并在政府、社会、企业的帮助下实现外部资源的输入，以合作的方式带动农户自我发展、脱贫致富的模式。"欠发达地区农民合作扶贫模式是一个由政府主导、社会联动的合作扶贫体系，自上而下地建立起自下而上的民主管理的合作扶贫模式。农民合作扶贫组织的构架主要由一级扶贫合作社、二级扶贫合作社、三级扶贫合作社、全国扶贫合作总社构成。一级扶贫合作社是执行机构和信息中介，村民直接参加的基层合作社，主要是生产功能并作为村民和其他合作社信息交流的中介；二级扶贫合作社是管理核心，由一级合作社联合产生，主要功能是管理农民扶贫合作社经营的资产和农业产业，管理者由一级合作社选举；三级扶贫合作社是合作社的合作社同时具有合作社银行功能，由二级扶贫合作社合并或者选举产生，负责协调二级扶贫合作社发展问题；全国扶贫合作总社是指导和咨询机构，纯公益组织对下级合作社没有实际的管理权和经营收入。扶贫合作社的管理制度与农民专业合作社管理制度类似，“一人一票”民主管理，农民将是合作社真正的所有者、使用者、受益者，欠发达地区农民通过扶贫合作社的载体实现与政府、社会扶贫资源的对接，并整合欠发达地区农民合作社发展与扶贫资源，共同纳入欠发达地区的农民扶贫工作中去。

本书以贫困地区获得有效问卷433份和非贫困地区获得653份有效问卷为基础，分析不同地区农民合作社对农民、农村发展带动作用，并构建CMI模型（C—合作化程度、M—合作乘数、I—外生激励）研究农民合作社扶贫绩效的内外耦合关系和影响因素。研究表明，欠发达地区农户特别是贫困农户对合作社了解程度较低，也无力承担合作社前期运营成本，有一定的合作意愿但是受到经济基础和传统思维桎梏较多，农民合作社发展水平也相对滞后，但是这并不意味只有经济发达地区的农村才能发展农民合作社，欠发达地区发展农民合作社必要性更强，因为合作社是弱者的联合，更需要通过多种手段扶持。政府扶贫工作越是规范、公平、公开，回访率、信任度高，农民合作社扶贫绩效越显著，说明政府扶贫工作会对农民合作社扶贫绩效产生一定的间接影响。村主任与社长、村委与农民合作社管理层的关系对农民合作社发展绩效有一定的影响。村主任兼任农民合作社社长可以作为农民合作社的一种管理模式，这种模式可以充分整合农村内部资源如农村集体经济、农民资源、农村精英的社会资本、资金等，快速推进农民合作社发展。在欠发达地区人力资源短缺资金缺乏的情况下，这种交叉的混合模式更有利于发挥农民合作社的扶贫功能。村委与农民合作社的关系越好，二者越能实现协调发展，如果二者关系不好，可能出现为了资源竞争的局面形成两败俱伤的情况。

欠发达地区农民扶贫合作社具有多种合作内容和形式，农民扶贫合作社是其中之一遵循合作社的原则和目标，在我国农民合作社法的规定下依法运营。农民扶贫合作社具体的合作内容、经营范围是根据本地成员的需求来组建，如综合类合作、专业类生产合作、消费合作、教育合作、金融合作、土地合作、旅游合作、销售合作、农机合作、农产品加工合作、生活服务合作、住房合作、用水合作等，实现农民合作社的纵向一体化和横向一体化发展。所以农民扶贫合作社是一个宽泛的概念，每一个农民扶贫合作社的目标和功能都有差异，可以根据成员需求组成一个综合型合作社也可以一个村庄有多个合作社一个成员根据个人需要加入不同的合作社，不同类型的合作社在产权制度、分配制度、管理制度、生产制度、会员制度等方面有一定的差异，每一个农民扶贫合作社具体发展路径是不一致的，但是都要坚持合作原则，“一人一票”、民主管理的基本制度。本书选择四个农民扶贫合作社可以发展的具体路径并做了详细的分析，为今后农民扶贫合作社发展路径创新提供参考：第一，农民社区扶贫合作社，研究目的是整合现有扶贫政策，将低保与扶贫开发有机结合，提高政策和资金的使用效率，实现政府扶贫资源有效对接。第二，旅游扶贫合作社，欠发达地区有丰富的旅游资源，但是在现有的旅游项目开发中，贫困人口收益程度、参与程度都比较低，大多处于旅游产业的对低端，如何改进这种现状是我们需要解决的问题。第三，社区综合合作社，是区域性的全方位覆盖贫困人口生产生活的合作社，其主要目的是为成员服务不是追求利润最大化，是解决企业、慈善机构与贫困人口对接的有效路径。第四，粮食专业生产合作社，粮食生产关系到我国粮食安全、食品安全问题，分散、小规模的粮食生产者在面临国际市场竞争中的劣势地位是明显的，贫困地区粮食生产收益较低，贫困发生率也相对较高，因此将欠发达粮食生产者组织起来组建粮食生产合作社，将有利于保障我国粮食安全问题，并提高粮食生产的收益率和附加值，提高农民种粮积极性并带动贫困农民致富。

在借鉴国内外农民合作社发展经验的基础上，本书提出了以下建议推进农民合作扶贫模式的发展：(1) 整合扶贫规划、明确扶贫载体；(2) 全国扶贫合作总社的指导和帮助；(3) 合作社管理层的激励与制约；(4) 合作社的合理补贴和慈善的税收激励；(5) 农民合作扶贫体系的构建与相关机构的改革；(6) 整合盘活农民资产和农村集体经济资产；(7) 农民扶贫合作社功能的多元化；(8) 农民合作社的独立性。

作　者

2019 年 1 月

目　　录

第1章 导 言

1.1 研究背景

我国政府一直非常重视扶贫工作，20 世纪 50 年代至今，我国出台了多个扶贫政策，投入了巨大的资金和人力资源解决欠发达地区的贫困问题，并取得了重大成就，为世界反贫困做出了积极的贡献。2015 年 10 月 16 日，习近平主席在 2015 减贫与发展高层论坛的讲话中提出："到 2020 年，中国政府将实现现有标准下 7000 多万贫困人口全部脱贫"。2015 年 11 月 29 日，中共中央、国务院发布《关于打赢脱贫攻坚战的决定》，明确提出"到 2020 年将实现现有标准下 7000 多万贫困人口全部脱贫。"所以我国目前处于扶贫攻坚的阶段，需要不断在理论和实践中对扶贫工作进行创新和探索，一方面积极推动扶贫工作全面深入开展；另一方面构建积极保障措施和政策，防止脱贫后的返贫现象。多年以来，我国的扶贫政策随着经济和环境的变化不断创新发展，扶贫思路、扶贫模式更加贴近贫困地区和贫困人口，为世界反贫困提供积极的可借鉴的经验。

合作社是弱势群体互助发展的有效组织，通过资源共享、重组、互助，合作社可以帮助市场经济中弱势群体团结发展。国外的合作社已经有了上百年的发展历史，有效推动弱势群体在农业、消费、金融等领域的合作与发展，虽然合作社并没有明确规定扶贫是合作的目标，但是通过在发达国家合作社发展的历程和发展中国家合作社的推广实践，合作社可以有效地提高贫困人口的组织化程度，降低内部交易成本，帮助贫困人口提升收入和自我发展的能力，从而实现脱贫致富。在我国新型农民合作社已经有 30 多年的发展历史，但相对于国外百年的合作社还有相当大的差距，农民合作社可以组织低收入群体参与合作，通过资源整合，发展特色产业带动农民提高收入，农民合作社的发展具有较高的正外部性，能够帮助贫困人口脱贫。

农民合作社是一个有效的组织载体，这种组织形式的经济组织能够最大限度地保护农民的利益，实现组织和个人利益的有效统一。将这样的组织形式用于欠发达地区的扶贫工作，可以为贫困农户构建一个脱贫的载体，代表农民利益与外界资源进行对接。但是从我国农民合作社发展的水平来看，大部分农民合作社还是处于合作社发展的初级阶段，存在着管理不规范、资金缺乏、人力资源缺乏等问题，农民合作社的扶贫功能还没有充分发挥，因此，为了进一步推进我国扶贫工作以及农民合作社发展，将二者的资源有效衔接，本书提出农民合作社扶贫模式，从制度上创新构建新型的农民扶贫合作社，整合扶贫与农民合作社发展的资源，为全面脱贫提供新的工作思路，并为脱贫后防止返贫提供可靠的组织保障。

1.2 研究意义

农民合作社的主体是经济弱势群体。欠发达地区的农民大多是经济上的弱势群体，他们对于合作社的需求就更为强烈，农民合作社发展与扶贫的本质功能具有天然的密切联系，但这个功能尚未被重视，需要进一步研究。因此研究欠发达地区农民合作社发展并以此为载体进行扶贫开发具有重要研究价值。

（1）理论意义。

本书将研究欠发达地区的农民合作扶贫模式，充分发掘农民合作与扶贫的内生原动力和外在能量的耦合，建立内外联动的能量传导机制，促进欠发达地区扶贫与实现小康社会目标，丰富农民合作理论。

（2）实践意义。

宏观上有利于整合欠发达地区农民合作社与扶贫的相关资源，促进农民合作社与欠发达地区经济的协调发展，构建基于扶贫视角的农民合作社发展体系。而微观上则有利于：①促进欠发达地区扶贫问题的解决；②引导欠发达地区农民合作社发展；③引导外部资源以农民合作社作为载体，进入欠发达地区的扶贫事业。

1.3 研究思路

本书将沿着“欠发达地区农民扶贫模式发展机理→农民合作行为分析→以农民合作社为载体的农民合作扶贫模式构建→外部资源引入途径、内部扶贫资源整合→具体操作和政策建议”的思路，构建并推广农民合作扶贫模式，通过对欠发达地区农民合作社与脱贫致富的典型案例分析、大样本数据调研、经济模型论证等方法进行研究，如图 1－1 所示。

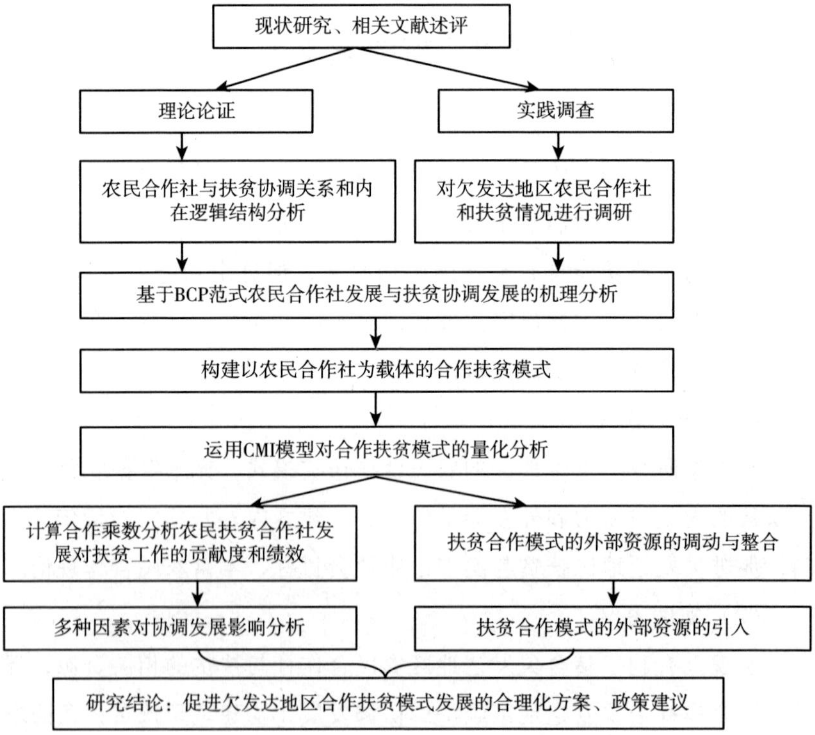

图 1－1　本书的研究思路

具体为：第一，运用模型推演并测算，在农户行为和合作模式定量和定性的判断下，基于BCP范式分析欠发达地区农民、合作、扶贫的特征与机理。第二，模式构建，根据内外部资源整合，按照扶贫模式四个环节：决策、传递、接受、监控来构建农民合作扶贫模式。第三，量化分析，运用CMI模型构建兼容多农民行为模式的分析框架，考量农民合作行为及效应，揭示扶贫主体农户行为的响应规律，并据聚类结果建构合作与非合作农户群体，定量比较合作程度提高的收益分析，计算“合作乘数”。第四，结论创新，在宏微观目标下，整合欠发达地区外部资源，借鉴国外发展经验，提出促进欠发达地区农民合作扶贫模式发展的政策措施。

1.4 研究方法

本书主要采用实地调查资料、合作社的资料与相关统计资料进行定位、定性与定量研究，这是本书的重点，也是研究的基础与保证。其研究的主要方法有：

第一，理论演绎法。基于BCP分析范式扶贫与合作的内在机理，并通过不同地区的农民合作社成员的行为和意愿，比较贫困与非贫困群体的合作社扶贫效果差异。

第二，二维数据分析法。利用调查获取的截面数据与加工整理的官方统计时序数据，分析农民组织化、合作化程度的提高对的农民收入、扶贫地区发展整体影响。选择具有代表性的欠发达地区，对重点案例和样本进行跟踪调研，共获得1086份的农户数据和100个合作社数据。

第三，统计分析法。构建CMI模型运用排序probit多元回归、结构方程模型等方法，从欠发达地区的生态环境、经济增长，农民的人力资本、社会资本、金融资产等方面构建和评估农民合作扶贫模式的绩效。

第四，系统分析与案例分析法。根据规范分析与实证结果，借鉴国际经验，构建兼顾宏微观目标的农民合作扶贫模式发展的长效机制。

1.5 创新之处

第一，农民合作扶贫模式的创新。本书提出以农民合作社为载体农民合作扶贫模式和运作机制，整合农民合作社发展的资源与欠发达地区扶贫资源，促进欠发达地区农民合作社扶贫能力，并在适合的地方推广。

第二，构建新的合作量化分析模型。本书构建 BCP 分析范式和 CMI 模型，用“合作乘数”测算预测农民组织化、合作化程度的提高对农民收入、人力资本、社会资本、金融资本的影响，并计算合作化程度对经济增长和反贫困效果评价，确定农民合作社对欠发达地区扶困消除的综合贡献度。

第三，激励外部资源引入的政策创新。农民合作扶贫模式的发展需要宏观政策支持和外部资源引入，在充分盘活农民资产、调动扶贫主体积极性、整合欠发达地区内部资源后，要适度激励外部资源的引入，多渠道引导社会资源进入欠发达地区的农民合作扶贫模式。

第2章 农民合作社与扶贫的综述

2.1 引言

自改革开放以来，我国政府一直致力于欠发达地区扶贫工作的开展，先后制定并实施了“国家八七扶贫攻坚计划”“农村扶贫开发纲要（2001～2010年）”“中国农村扶贫开发纲要（2011～2020年）”，有效缓解了贫困问题。30多年来，我国的扶贫工作取得了巨大的成就，国家统计局数据显示：2017年年末全国农村贫困人口3046万人，比上年末减少1289万人；贫困发生率3.1%，比上年下降1.4个百分点。2015年11月，在中央扶贫开发工作会议中习近平指出“到2020年农村贫困人口实现脱贫”。2016年4月中共中央办公厅、国务院办公厅印发了《关于建立贫困退出机制的意见》：“促进贫困人口、贫困村、贫困县在2020年以前有序退出，确保如期实现脱贫攻坚目标”。根据国家制定的扶贫目标，到2020年我国将实现全面脱贫，未来几年的扶贫工作中如何精准有效的扶贫、提升扶贫工作绩效、降低返贫率是下一阶段扶贫工作面临的主要问题。

回顾我国扶贫工作发展历程，在不同历史时期、条件背景下，政府采用的扶贫方式也不断改革，扶贫工作从救济式、开发式、参与式扶贫转向了精准式扶贫，扶贫方式的转变体现政府思路的变化、对扶贫主体的重视，贫困人口作为扶贫工作的主体将在未来扶贫工作中具有更多的主动性、积极性，实现自我发展与政府帮助结合，最终脱离贫困。在救济式扶贫中，中央政府通过向贫困地区调拨粮食、物等救济物品及财政补贴，以维持贫困地区人民最低程度的生活水准，也被称为“输血”式的扶贫（韩嘉玲等，2009），贫困人口作为被动接受者，容易形成依赖的思想。开发式扶贫满足贫困地区经济增长和扶贫双重目标、坚持以项目为中心的开发式扶贫、采用区域瞄准方式和推动政府主导下的全社会扶贫（匡远配，2005）。开发式扶贫中贫困人口是被带动者，依靠政府项目和区域经济发展获得就业机会并提高家庭收入，相对于救济式贫困人口有更多的选择和机会，通过付出劳动提升收入，但贫困人口在扶贫工作中的主体地位还是相对较低。参与式扶贫是指政府通过投入一定数量的资金，以贫困村为平台，为贫困农户创造表达意愿的机会，赋予贫困农户知情权和监督权，并激发他们的参与意愿，发动群众参与扶贫项目的决策、实施和监督过程（李兴江、陈怀叶，2008）。参与式扶贫基于赋权理论思想，重视人的主体性和内生作用，提高扶贫项目的群众性、适应性和针对性，逐渐从传统扶贫方式中偏重强调“物的因素”过渡到开始重视“人的因素”，开始构建扶贫政策实施过程中“内因”与“外因”的对接，可以说是扶贫思路的重要转变。随着扶贫难度、贫困深度的加大，传统扶贫方式的工作绩效逐渐降低，现阶段扶贫工作方式逐渐向精准式扶贫转变。精准式扶贫是基于贫困户的精准识别，通过对贫困人口有针对性的帮扶，达到可持续脱贫的目标（汪三贵、郭子豪，2015）。精准式扶贫对贫困人口的重视程度进一步提高，通过大数据和网络研究确定目标和原因，并提供专门扶贫方案，可以说扶贫中“人的因素”逐渐进入核心。

在不同的扶贫方式中，扶贫组织也在不断发展，从单一政府扶贫机构，到多元化社会扶贫机构引入，我国逐渐形成政府主导、社会主体广泛参与的扶贫体系。农民合作社作为扶贫载体之一也逐渐出现在扶贫理论研究和实践探索中，虽然农民合作社在提高农民收入、促进农业发展，帮助农民与市场的对接等方面，已经取得了良好的效果，并在学术界达成共识，但农民合作社是否具有扶贫功能还存在着一定的争论，农民合作扶贫理论还需要进一步的探讨。从我国目前农民合作社整体发展情况看，经济较为发达的东部地区农民合作社发展也相应较好，经济欠发达地区农民合作社发展也相对滞后，而且由于市场环境、经济基础、文化、农户认知等因素导致我国农民合作社发展距离“理想”或“经典”模式的合作社存在一定的差距，如合作社股权集中、合作社异化等问题，那么农民合作社能否作为“十三五”脱贫攻坚的有效扶贫载体？能否与国家扶贫政策有机结合提高扶贫工作绩效？能否有效组织贫困农民参与合作，实现提高收入、改善福利、生态环境达到脱贫致富的目标？能否实现脱贫后当地农户可持续发展而不返贫？这些都是目前扶贫工作发展与农民合作社发展中需要解决的重要问题。

合作的本质是弱者的联合，是经济弱者的互助性组织，合作社的主体是经济弱势群体。欠发达地区的农民大多是经济上的弱势群体，理论上他们对于合作社的需求就更为强烈，农民合作社发展与扶贫本质上具有天然的密切联系，但这个功能尚未被重视。目前的农民合作社研究中大多将目光集中于农业发达地区合作社的发展，没有将农民合作社的发展与欠发达地区扶贫工作紧密联合起来，忽视了农民合作社的扶贫功能和在欠发达地区农业经济发展中的协调作用。首先，合作社是一种联合组织，合作社内部是不竞争的，强调的是互助、合作、联合。弱势群体经济力量薄弱、人群分散，将欠发达地区农民联合起来通过特色农业项目参与市场竞争，有助于提高当地农户实现脱贫致富以及实现小康的目标，与国家规划发展目标具有高度一致性。其次，弱势群体合作的目的是满足成员经济和生活各方面的需要，通过统一购销来降低生产、生活成本，如生产生活资料、文化教育需求等；合作社对内追求公平、民主的成员福利最大化，对外也要追求利润最大化以满足组织自我生存和发展的需要。最后，规范的合作社是市场经济中弱势群体面对各种风险、面对严酷竞争有效手段。合作社需要自身利益最大化，实现民主管理，确立社员至上的制度，确立成员平等关系。建立规范的合作社是我国农民合作社发展面临的重要难题，特别是在欠发达地区更是受到了外在环境、内部管理、农民认知等多种因素的困扰，因此，研究欠发达地区农民合作社发展并以此为载体进行扶贫模式开发具有重要研究价值。

研究将促进欠发达地区的农民合作社与扶贫的协调发展，充分发掘农民合作与扶贫的内生原动力和外在能量的耦合关系，建立内外联动的能量传导机制，促进欠发达地区扶贫与实现小康社会目标，丰富农民合作理论。宏观上有利于整合欠发达地区农民合作社与扶贫的相关资源，促进农民合作社与欠发达地区经济的协调发展，构建基于扶贫视角的农民合作社发展体系。微观上有利于促进欠发达地区扶贫工作；有利于引导欠发达地区农民合作社发展；有利于引导外部资源以农民合作社作为载体，进入欠发达地区的扶贫事业。

2.2 国外农民合作社与扶贫研究进展

国外学者从多个视角对农民合作社进行了深入和持久的研究，包括农民合作社管理制度、绩效、财务、管理者激励、成员意愿等方面，取得丰富的研究成果。学者们认为农民合作社可以有效地降低农户与市场交易成本，并通过规模经济效益提高农民收入（Riordan and Williamson，1985），提升农民市场地位和谈判能力，并有利于标准化生产（Hellin et al.，2009；Holloway et al.，2000；Markelova et al.，2009）以及农业生产技术的改进、农民教育、社区发展、社会福利、生态环境的改善（Abebaw and Haile，2013；Verhofstadt and Maertens，2014；Fafchamps，2004；Oczkowski，2013），但是在农民合作社与扶贫关系的研究中国外的学者还存在着不同观点。

2.2.1 农民合作社贫困缓解有积极作用

国际合作社联盟（ICA，1995）："合作社是自愿参加协会的人来满足他们共同的经济、社会和文化需求和愿望，是共同拥有、民主控制的组织”。Michael Hals（1980）研究了印度乳品合作社发展对当地贫困问题的影响，认为尽管合作社不是唯一的脱贫途径，但印度乳品合作社满足农民需要能够自我发展并打破农村贫困的循环，具有广泛的推广价值。Chikwendu（1997）分析了合作社对尼日利亚贫困妇女的帮助，帮助其获得医疗保健、教育、培训、经济机会和决策权。Basu（2008）在印度通过比较两个村庄合作社不同程度的成功，强调了奶牛合作社不同家庭脱贫的影响。Ranis（2010）研究了阿根廷工人合作社对减少工人贫困和失业作用。Richard（2008）认为经济全球化、科技革命使合作社面临新的挑战，扩大合作社组织网络、发展多用途合作社能惠及更多农村贫困人口。成员参与依据“一人一票”原则，剩余成本或利润分配不依赖资本（Birchall，2003），开放的会员资格、小额资本门槛使穷人有机会成为合作社成员中的一员，农民合作社可以作为一种促进公平增长和减贫的组织（Chen，2006），合作社经济收益公平共享原则让合作社有自动服务穷人的特征（Nana And Markus，2013），合作社对消除贫困有直接影响，并间接影响其他的千禧年发展目标（Birchall，2004）。Rondot 和 Collion（2001）合作社可以作为资源达到农村穷人的有效手段，可辅助国家计划和非政府项目改善农村福利和生计。通过非洲斯里兰卡和坦桑尼亚案例研究发现，农民合作社通过功能的完善如信贷、营销、农业技术输出缓解了当地贫困问题，通过组织化程度提高、分配金融资本，创造就业、创收机会，发展成员教育事业和提高组织忠诚度，有效地改善了贫困人口的疾病、社会福利和死亡率等经济社会问题（Bwana，2001；Bibby and Shaw，2005）。Junichi Ito 等（2012）农民合作社发展和公共资金投入对小规模农民收入具有积极的影响，农民合作社发展可以促进欠发达地区扶贫工作开展。以苹果果农为例，农民合作社有效促进苹果果农收入的提高，而且规模越小的果农家庭获得参与合作社的收益越大，苹果产量增加了 5.36%，净回报率提高 6.06%，家庭收入提高的 4.66%，农民合作社有利于缓解中国的扶贫问题（Wanglin Ma and Awudu，2016）。Allahdadi（2011）在伊朗的研究也有类似结论，农民合作社在伊朗农村具有重要的减贫作用，促进农村经济增长和贫穷的农民收入提高，但是由于管理不善、缺乏能力意识、政府干扰缺乏自主权、进入市场障碍等原因降低合作社扶贫的作用。

从社区发展视角，合作社可以通过社会资本联合有效的引导低收入人群进入社会经济主流（Majee and Hoyt，2011），合作社有潜力缓解社区贫困，但需要尊重合作原则和独立性（Parnell，2001）。Jones（2008）分析了英国合作信用社在解决贫困和促进金融包容性的转变作用，认为政府支持信用合作社发展包容性金融有利于低收入社区的发展。Carini 和 Carpita（2014）利用意大利的案例研究说明，在面对经济危机的冲击，合作社倾向于提供更多的就业机会。Getnet（2012）通过对埃塞俄比亚的数据分析，认为农业合作社对支持民生发展和减贫有重要帮助，在农民生产生活中起到了节约成本、提高收入和储蓄的作用。

从人力资源视角，Wanyama（2008）认为合作社对非洲的减贫有很大帮助，包括动员和分配财政资金；创造就业和创收机会；增加培训；提高贫困人口社会福利等经济问题。JoannidÈS（2012）提出了对合作社消除贫困的特殊贡献，如创造就业机会、让社会凝聚力等。Ruben（2012）研究了埃塞俄比亚的咖啡合作社，认为农业合作社的效率在很大程度上依赖于内部凝聚力和外部之间的互动交流。合作社内的社会资本和信任的实证评估表明，市场参与可以加强集体行动，为农民带来更多收益。Gulen Ozdemir（2013）研究了土耳其妇女专业合作社是教女性如何参与生产挣钱，其社会目标如教育、反贫困、创造就业。

从金融扶贫视角，Sanchis-Palacio（2011）发现农业合作信贷成为西班牙农村地区的主要筹资工具，帮助农户解决贫困问题，用 SWOT 法分析了这种金融工具的优缺点：组织、业务和技术能力是主要弱点；法律约束的是主要威胁，农业领域的不确定性会影响它的生存。

2.2.2 农民合作社的目标与扶贫义务

农民合作社主要目标是为成员服务，没有内在的扶贫义务，农民合作社只是为扶贫提供了摆脱贫困的机会和集中资源的途径。合作社以成员为核心，对成员是非营利性的，以满足成员需求为主要目标，并不具有主动扶贫功能（Braverman et al.，1991），虽然合作社在发达国家的发展，也是经历贫困到富裕的过程，但这是结合发达国家的经济增长背景和社会福利制度的完善，在发展中国家不一定适合，已经有太多不切实际的期望农民合作社去解决许多发展问题和作为扶贫的工具（Holmén，1990），如果穷人自己选择和更充分地参与发展项目的执行，更有利于扶贫效果（Hunter，1981）。Bernard（2010）组织化程度提高为贫困人口提高收入提供更多的可能性，但是这些组织需要贫困人口的积极参与或由贫困人口主导，农民合作社不能保证减少贫困，因为他们的主要目的是满足其成员的需要，如果他们的成员都是穷人，他们会开展扶贫工作（Simmons and Birchall，2008）。Bernard 和 Spielman（2009）认为，农业合作体系和公开资助推广服务可以作为一种有效的扶贫措施，但在埃塞俄比亚贫困人口往往被排除在营销合作社管理层以外，但他们将受益于合作社产生外部效应的外溢，这些利益相对于核心会员还是比较有限的。Coren 和 Clamp（2014）研究了威斯康星州葡萄酒合作社，发现葡萄酒合作社中成员大多是小规模葡萄酒制造者，按照估计标准生产，依靠葡萄酒合作社的积极促销来提高销售收入、餐饮、旅游收入。所以这些学者认为农民合作社核心是为成员服务，如果将合作社用于扶贫或者成员以贫困人口为主，那么合作社依然对成员服务，给贫困的成员发展提供机会，同时也就满足了扶贫的目标。

2.2.3　农民合作社为扶贫提供了可能

扶贫问题涉及公平和效率的问题，农民合作社是要增长还是要公平，需要提前确定组织管理和目标，扶贫意味牺牲一些效率来达到组织内部的公平，会限制增长的速度，如果农民合作社为贫困缓解提供可能，但是政府需要为农民合作社扶贫功能提供外在支持政策和条件。Hannan（2014）认为，即使合作社没有显式意图减少贫困，但是可以通过合作社管理方式集中资源和分配利益，利用合作社的制度优势溢出来减少贫困。Pollet（2009）强调合作化发展模式应该建立和明确的身份，确定目标群体、可行的机制、特定角色或功能的发展，合作社实现效率和公平统一，应该对基础设施、市场信息、监管机构、技术、产品定价政策、资金等要素进行适当的管理（Lele，1981），发展农民合作社扶贫功能需要政府的政策和立法的外部支持，如能力建设，成员合作人员、培训或培训管理等（Hussi et al.，1993）。Wiskerke 等（2003）认为，自组织和自律成为乡村治理的新模式，弗里西亚林地的环保合作社成功地构建当地社会网络的信任关系、乳品业、自然环境和景观管理的管理模式，推进了当地社会和生态环境可持续发展。Tek（2007）分析了尼泊尔一个小湖泊的环境变化，政府组织沿岸相关利益者组成的农民合作社管理以后，Rupa 湖渔业资源和生态环境得到有效改善，贫困渔民的生活和收入都有提高，研究认为农民合作社有利于公共物品或准公共物品的经营，避免“公地悲剧”，并提高农民的收入，从环境可持续发展方面能有效缓解贫困。John Sumelius 等（2015）认为，在芬兰外交部的帮助下，坦桑尼亚构建了从基层、二级、三级到国家级四个层级合作社构架，帮助贫困的合作社成员提高收入和福利水平，研究结果表明完善的组织体系和法律推进，专业化管理和教育，有助于农民合作社发挥积极减贫的作用。Tilahun 等（2015）以埃塞俄比亚的乳香合作社为例，分析了农民合作社成员资格对成员收入和福利的影响，相对于没有参加合作社的村民来说，成员会获得更高的收入和福利，政府森林使用权的下放、推进农民合作运动有利于农民收入提高，也是合作社顺利发展主要原因。

研究表明，农民合作社对贫困问题的缓解有着一定的作用，但扶贫是农民合作社内生本质特征还是农民合作社正外部性效益外溢带来的附属功能，还在进一步讨论，不同学者还存在着不同观点，但是如果将农民合作社作为一个扶贫的主要载体，将贫困人口作为主要的成员的情况下，农民合作社发展将积极推动成员的经济、社会福利、精神生活水平的提高，促进成员就业、改善经济与环境协调发展。

2.3 国内农民合作社与扶贫研究进展

目前，国内对农民合作社研究逐渐深入，已经从农民合作社的内涵、定义、必要性、管理制度等逐渐扩展到农民合作社宏观经济政策、中观产业视角下农民合作社在不同产业链条的作用、微观农民合作社内部的管理绩效，如农民合作社功能、趋势、成员意愿行为、异质性、信任等；学者们从多个视角进行交叉研究，如农民合作社与环境保护、农业标准化生产、农村治理、家庭农场、农业社会化服务、农业科技推广等。农民合作社能有效提高农民组织化程度、提高农民在市场竞争中的谈判地位，实现价格改进提高农民收入，降低农民与市场、企业之间的交易成本，是农民专业化的有效途径（张晓山，2009；郭晓鸣、廖祖君，2010；黄祖辉、高钰玲，2012；徐旭初，2012；孙亚范、余海鹏，2012），这些观点已经在学术界达成一定的共识。

在对农民合作社的研究不断推进中，越来越多的学者注意到农民合作社与扶贫工作的密切关系，逐渐认识到农民合作社发展对扶贫的积极推动作用，并结合我国目前的扶贫工作和农民合作社发展情况提出了一些具有重要参考价值和学术意义的科研成果。国内关于农民合作社与扶贫的研究始于对印度孟加拉小额贷款扶贫模式研究和借鉴，陈玉宇（1996）、段飞（2008）介绍了印度农村信用合作社的盛衰，总结借鉴了印度农村金融扶贫中的商业原则和政策，以及我国的推广经验，实践证明这种模式对扶贫工作具有积极意义（陈合营、段海波，1998；杜晓山，2009）。我国小额扶贫贷款与孟加拉的信用合作社有一定的区别，与正规金融机构的贷款方式相比，合作社模式下的乡村银行适合在贫困地区开展（杜金向，2006；汤仁灏等，2006）。研究者分别以保定市易县扶贫经济合作社、浙江省龙泉市农村互助基金合作社、青海省循化撒拉族自治县试点合作社、山东省扶贫互助资金合作社试点、四川省8家首届试点新型农村资金互助合作社等地为例，发现我国农村小额信贷可持续发展中存在的问题，如金额度少、风险高、专业人员缺乏、相关制度不完善、与正规性金融机构协调性不够、内部运作机制不健全、角色定位模糊等问题，并有针对性地提出农村小额信贷扶贫可持续发展的长效机制（王鑫斌、林妍，2011；陈金香、康绍，2014；朱显岳，2011；闫丽娟，王玉君，2011；高杨、薛兴利，2013；中国人民银行达州市中心支行课题组，2016）。杜晓山（2008）认为，非政府组织小额信贷机构在为弱势群体提供金融服务和创新模式方面具有低成本优势。微型金融有利于女性脱贫，“自下而上”增加女性的能动性（陈银娥等，2015）。

国内部分学者认为农民合作社可以作为扶贫工作的有效载体，韩迅（1996）提出以供销合作社为依托，扶贫合作社是分散的贫困户引入社会主义市场经济的桥梁，促进贫困山区农业产业化进程的有力杠杆（刘维隆，1997）。扶贫工作与农民合作社发展有着天然的密切联系，合作社的本质就是弱势群体的联合，是政府主动、社会联动的欠发达地区有效的扶贫模式（刘宇翔，2015），合作对优化相关资源配置、提高的农民组织化程度和扶贫效益方面具有重要作用（陈琦、何静，2015)。可整合政府投入的扶贫资源，通过合作提高农民的素质与能力（韩国民、高颖，2009)，所以合作社一直被人们视为一个由贫困群体通过自助和互助而实现溢贫和脱贫的理想载体，但由于管理、制度、监管等问题，要实现其溢贫功能还存在诸多现实约束（吴彬、徐旭初，2009)。汪三贵等（2011）认为，由于贫困农户在理事会的代表性不足，现有互助资金合作偏向富人，瞄准机制需要改善；合作社可以承担起精准扶贫的社会责任并更好地发挥溢贫性的组织功能（赵晓峰、邢成举，2016)。郭春丽（2010)、苏晓云（2012）从 NGO 和农民合作社的功能定位出发，认为 NGO 参与的农民合作社发展新模式，有利于扶贫问题的解决。游玲玲（2011）研究了都市型现代农业与农民合作社的发展关系，认为农民合作社能促进农业增效农民增收。钱微（2012)、李明（2011）分析了小额信贷扶贫项目“扶贫经济合作社”的经营模式，认为这种扶贫方式具有覆盖范围广、针对对象精准、成本低的特点，可以提高成员收入。李庆（2007）以易县扶贫合作社为案例，分析合作社扶贫的经验。

上述研究表明，农民合作社对扶贫工作具有重要的推动作用，合作社发展有利于提高农民收入和社会福利，推动贫困地区人口和环境的可持续发展。基于农民合作社的定义、原则、功能定位，农民合作社能够成为下一阶段我国扶贫工作的有效载体，但是还需要政府、社会的外在支持，特别是我国农民合作社处于发展的初级阶段，整体上处于量的增加，还没有形成质的转变的情况下，农民合作社要发挥扶贫的作用，还需要支持政策体系和合作扶贫理论上的完善。总结现有国内外文献，农民合作扶贫的理论机理需要进一步探讨，和农民合作扶贫体系还有待于进一步完善，合作与扶贫内在的具有怎样逻辑关系？农民合作社如何在精准扶贫视角下，解决“扶持谁”和“如何扶”的问题？如何实现扶贫主体多元化，政府、社会全面参与？如何保证扶贫的可持续减少返贫问题？这些都是未来几年内我国扶贫工作需要解决的问题。

2.4 国内外扶贫模式研究评述

梳理国内外学者反贫困模式的研究成果，国外主要有：罗森斯坦—罗丹的平衡增长模式与机制、罗斯托的经济起飞模式与机制、舒尔茨的促进人力资本形成的反贫困理论等。国内学者对贫困与反贫困的模式研究也是不断深化，资源、个人能力、人口数量、区位特点、经济结构、文化乃至制度、空间等因素都已进入了贫困研究者的视野（沈红，2000；李秉龙等，2004；李文祥，2013），对于扶贫模式的研究也取得丰富的研究成果。从国家的扶贫模式从发展上经历了三个阶段：（1）救济式扶贫模式，财政直接扶贫（沈红等，1992；汪三贵，1994）；（2）开发式扶贫模式，以扶持贫困地区经济发展为主（朱玲等，1994；陕立勤，2009）；（3）参与式扶贫模式，强调扶贫对象主动参与扶贫活动的互动式（黄季焜等，1998；郭晓鸣，2000；王朝阳，2012）。从扶贫行动的具体实施方案角度来看，扶贫模式又可以概括为 11 种基本类型：（1）财政扶贫模式（李元江，2000；邢成举，2013）；（2）以工代赈扶贫模式（朱玲，1993；孔祥智，2006）；（3）产业开发模式（王旭，1996；张峭，2007）；（4）温饱工程模式（李国，1992；王虎中，1998）；（5）对口帮扶模式（邹建平，1998；张瑛，2008）；（6）旅游扶贫模式（冉斌，1998；邱硕立，2013）；（7）生态建设模式（朱雅兰，2002；刘慧等，2013）；（8）移民搬迁模式（吴思麒，1997；石智雷，2013）；（9）小额信贷扶贫模式（杜晓山，1997；林万龙，2012）；（10）人力资源开发模式（苏金太，1988；孙华，2013）；（11）科技扶贫模式（时正新，1987；张峭，2007）。

贫困产生的原因是多元化的，所以欠发达地区扶贫的目标不能只是单一性，必须考虑贫困的复合性与层次性，扶贫模式也要不断创新和升级，从单一、散乱的经济扶贫模式转为全面的、综合性的扶贫模式，以满足各种贫困人口的差异需求，提高贫困人口的自我生存能力和生产能力，并最终实现农村扶贫、农民合作社发展模式的创新，所以对农民合作扶贫模式的研究是非常必要的。回顾前人文献，国内外学者对农民专业合作与扶贫模式社进行了多个角度的深入研究，但对于欠发达地区的农民合作扶贫模式的研究还是相对较少，忽视了合作是弱者的联合这一本质问题以及合作社的扶贫功能，对扶贫主体的组织化和能动性的研究还存在不足，现有的文献也是简单地分析了农民合作社扶贫的作用，对农民扶贫模式系统构架和发展机理的研究有待于深化。

评述：我国现有的扶贫模式各有其优势和不足，还需要不断创新以促进欠发达地区扶贫和农民合作社发展。现有扶贫模式的主要问题有：（1）瞄准性有待提高，扶贫政策没有全面覆盖非贫困县的贫困人口，或者覆盖了贫困县的非贫困人口。（2）农户参与程度不高，现有扶贫工作，农民依然是被动参与和接受，农民的参与程度有待于进一步提高。（3）扶贫资金的使用效率有待提升，扶贫资金的多来源和多头管理的问题导致扶贫资金使用效率比较低；加上扶贫资金挪用风险较高，也使扶贫资金效益较差。（4）扶贫政策的时滞性，扶贫政策的出台需要一定周期，而农业本身也是具有一定的市场周期和生产周期，周期的不协调会导致扶贫政策具有一定的时滞性。（5）资源分散缺乏整合，多头管理的扶贫模式导致扶贫资源缺乏有效整合形成合力，同时更缺乏对社会扶贫资源的整合，企业、个人、NGO 组织对扶贫作用越来越大，但是还缺乏社会资源与政府资源的整合与协调使用。（6）扶贫工作的人性化程度还有待于提高，扶贫工作中最关键因素的是“人”，也就是扶贫对象，现有扶贫工作没有充分重视“人”的本质力量和作用。以农民合作社为载体的合作扶贫模式有其独特优势和凝聚力，可以有效促进欠发达地区农业经济发展。回顾国内外相关文献，农民合作社对解决贫困问题有着重要的作用，这个观点已经受到学术界的认同，但是对我国欠发达地区的农民合作社和扶贫的协调发展机理和模式研究还有待于进一步深入，农民合作社扶贫模式和功能研究不够完善，外部扶贫与农民合作社发展资源的整合和实现途径研究不够，定性分析过多、定量分析不足。体系化的农民合作扶贫模式研究还是比较欠缺，前人研究多是从某个侧面，如环节、作用、功能、问题，研究的点过于分散，缺乏系统和整体农民合作扶贫模式的研究。本书将系统地构建农民合作扶贫模式，有助于农村精英、农村外部人力资源参与农民合作社与扶贫发展的积极性；有助于协调农民合作社内外资源，形成联动的资源传导机制，促进我国农民合作社的健康发展以及欠发达地区扶贫工作开展。

第3章 农民合作社与扶贫的理论机理

本书认为对农民合作社与扶贫的关系是积极互动、相辅相成的，农民合作社是消除贫困的有效载体之一，扶贫是农民合作社的本质特征和重要功能，是基于农民合作社原则衍生的内生动力，但是我国农民合作社发展程度不高，还没有充分发挥扶贫功能；现有农民合作社管理层缺乏“合作社企业家精神”，普通成员对合作的目的、意义认知程度还比较低，整体上看人力资源、社会资本、资金的不足还是大部分农民合作社面临的主要困难，所以仅仅依靠农民与农民合作社自身的力量，实现消除贫困的目标需要一个长期的过程，农民合作社发挥扶贫的功能还需要政府、社会的有力支持。但是这并不影响农民合作社的扶贫本质，结合我国农民合作社发展的实际情况和扶贫工作的整体目标，政府需要在欠发达地区构建农民扶贫合作社体系，依托政府主导力量、社会支持力量，以农民合作社为载体提高农民组织化程度，结合精准扶贫的思路，逐步推进欠发达地区扶贫工作，到2020年全面脱贫以后，农民合作社将继续运行，实现贫困人口脱贫以后的可持续发展，防止返贫问题发生。

合作与扶贫具有天然本质的联系，合作社本质上是弱者的联合。从合作社形成来看，在市场经济中具有优势地位，个人和组织是不需要合作的，合作社是经济弱者的联合，为改变经济贫困或者市场竞争劣势的地位，经济弱势群体通过联合发展达到满足自我发展需要、提高收入和社会地位的目的；从合作社产生的历史看，穷人为了提高收入、满足自我的经济、社会需求，自发地联合发展，穷人的合作也就是自我扶贫，如果加上政府的支持，合作社扶贫就是政府扶贫与自我扶贫的有机结合，我们的研究目标就是整合政府、社会、农村、农民的资源构建农民合作扶贫模式，推进我国扶贫事业的发展。从罗虚代尔公平先锋社起，欧洲发达国家合作社产生很多都是为了提高贫困人口的经济收入、满足贫困人口自我发展的需求，通过联合穷人扩大社会资本，汇聚合作社发展的资金和人力资本，形成一定的公共积累并不断发展壮大，带动贫困成员收入和福利水平提高。发达国家合作社发展历史，也是贫困成员逐步改善经济、社会条件的过程，所以合作社的产生与扶贫存在紧密的联系。

农民合作是农民众多的行为选择之一，在扶贫与现代农业发展的路径中，贫困农民有多种可能的选择行为，如流转土地、进城务工、租赁土地等，不同行为会带来不同的绩效。农民是合作社的主体，合作行为包括是否合作、是否投资、是否积极参与管理，所以农户意愿和行为会对农民合作社造成较大的影响，从合作社构建、运营、管理、成本等方面影响合作社发展的绩效，农民合作社发展会在一定程度上影响当地的扶贫绩效。所以本书构建了 BCP（B—农民行为、C—合作化程度、P—扶贫绩效）分析范式，研究农户不同合作行为对农民合作化程度和农户家庭经营规模的变化轨迹，揭示合作化组织化程度对扶贫绩效的影响，分析农户不同经济行为多层次性与要素配置结构的扶贫关联效应。农民行为选择造成资源配置的不同形式，农民合作是农村资源重组和分配、管理的形式之一，农民合作社将实现农村内外部资源整合降低交易成本。本书从合作的本质出发，论证农民合作社发展对扶贫工作的有效促进和相互作用的机理，分析农民合作社减贫的功能，二者协调发展内在驱动力和外在积极因素，搭建农民合作扶贫模式的理论构架和逻辑基础。

范式（paradigm）是用于科学研究的理论基础、实践规范和基本模式、结构、功能。农民合作社的合作其本质在于人的合作，从人的意愿、行为选择分析不同人的选择带来的不同效果，在计划行为理论、决策行为理论的基础上，本书提出了 BCP 分析范式（B—行为、C—合作化程度、P—扶贫绩效），用于推动农民合作的理论研究。农民是农民合作社的主体，他们的意愿、行为对农民合作社发展具有重要的影响，成员积极参加合作影响农村合作化程度，进而对农民合作社的绩效产生影响。农民个体间合作与非合作的行为是交互、反复、博弈的过程，并基于社会网络发生不同的影响，这个过程也是社会能量传导的过程，具有较高能量的农村精英与普通农户能量交互反馈整合的过程。在这个研究范式中，农民的人性假设是具有不完全理性，精于计算并且追求短期货币最大化的人；在市场竞争中处于较为劣势、封闭的环境中，作为价格被动接受者。这些精明的个体如何合作，是一个长期、复杂的过程和行为，而且现有合作社退出和违约成本并不高，难以有效约束农民。农民的合作意愿和行为可以分为：参加合作社的意愿、行为；成员入股意愿、行为；成员投资意愿、行为；成员参与管理的意愿、行为；成员退出合作的意愿、行为；成员违约的意愿和行为。个体成员的这些行为都会对其他成员产生正面或者负面的影响，从而带动个人社会网络范围内的其他农民采取类似的行为，这样多个农民行为和意愿就会相互影响、反复博弈，最终影响农民合作社发展程度和制度建设，进而影响以农民合作社为载体的扶贫工作的绩效。

3.1 农民合作社原则与扶贫内生性

1995 年 9 月，国际合作社联盟在英国曼彻斯特召开 100 周年代表大会通过了《关于合作社特征的声明》，明确规定了合作社的 7 条原则：入社自愿和开放办社、社员民主管理、社员经济参与、独立性与自主性、教育、培训与信息、合作社间的合作、关注社区。其定义是：合作社是人们为了满足自身在经济、社会和文化等方面的共同需求而自愿组成的通过财产共有和民主管理的企业而实现自治的协会。尽管农民合作社定义、原则、价值中并没有明确合作社的扶贫功能，但是合作社原则有明显的倾向于贫困人口的特征。

第一，自愿与开放的原则。这个原则为贫困人口参与合作提供方便的途径，当贫困人口认识到参与合作有利于提高经济收入和福利水平时，可以根据自己的意愿参与相应合作社，原则上是不会受到限制。农民加入合作社以后就可以享受农民合作社公共积累带来的福利改进。我国大部分农民对于农民合作社真正的意义和作用了解较少，从思想上改变这些认知还需要一个长期的过程，合作培训在现阶段比较缺乏，合作理念也需要进一步推广，所以政府需要在农村教育方面加强合作社文化、合作理念的教育内容。而且我国大部分农民合作社处于初级的发展阶段，公共积累较少成员福利也改进不多，合作社的扶贫作用还没有很好发挥。

第二，社员民主管理原则。“一人一票”，民主管理是合作社区别与股份制企业和其他社会组织的重要特征，“一人一票”制忽视成员资本的特征，强调以成员为单位，每个成员的平等性。尽管这种管理方式在管理效率方面一再受到质疑，并在新型合作社中有所变化，但是民主管理的原则是合作社的重要特征，体现大部分成员的意志和成员的主体地位，失去民主管理的合作社和其他企业也就没什么不同了。贫困人口进入合作社以后依然享有“一人一票”的管理权，可以在合作社重大事项决策时发表自己意愿，并可以为贫困成员争取更多的机会，如提高收入水平。当贫困的成员数量不断增加足以影响到改变合作社重大决策时，农民合作社就会按照贫困成员意图不断为收入较低的成员提供更多的发展机会，如成员福利补贴、合作社内部就业机会等。即使短期内贫困成员无法影响合作社决策，至少也可以享受合作社提供服务，制度性外溢带来一些福利。自愿开放的原则为贫困人口进入合作社提供保障，民主管理原则为贫困人口参与管理提供保障，农民合作社将会为了公平放弃一定的效率，给贫困的成员更多的帮助，短期内会有利润和成本的压力，但不会因为贫困成员数量增加而导致合作社破产。在现有的合作社中，为了实现成员福利最大化，合作社也会放弃一部分的效率。

第三，社员经济参与原则。虽然贫困成员自由加入、民主管理，并不意味着贫困成员对合作社没有贡献，经济参与原则会要求成员缴纳等额资本金，贫困人口也要拿出相应的资金或者等价的资产、劳动、产品等方式以获得成员资格，所有成员的入社资金由全体成员民主管理，并限制资金回报率。近年来合作社资金回报率有所提高和按照资金量赋予更多附加管理也有所增加，但是合作社依然保持了限制资金话语权的特征，以人的合作为主，而不是资金的合作。经济参与原则规定了合作社发展的储备金制度以及不可分配的储备金比例，按照交易额比例二次返利的制度，因此贫困人口获得成员资格以后就可以享受合作社储备金带来的收益和服务，也可以获得由不可分配的储备金产生的经济效益，也就是前期老成员努力积累带来的经济福利和服务，能够有效地提升自我发展能力。虽然有学者认为这对老成员有所不公平，但是从长期来看，合作社制度还是效率和公平有效兼顾，最初的农民合作社发展一般会受到政府、社会的支持，如税收、捐赠等方面，新成员可以享受到老成员积累的福利，未来的成员可以享受到现在成员积累的福利，如果没有合作社制度，新老成员都不会提高个人收入、福利水平，因此可以适当提高新成员的入会资本金、增加老成员退出时的资本返回。经济参与原则是民主管理的基础，成员入会的股金是所有权、使用权、成员资格的重要体现，也是参与调动成员参与管理、维持忠诚度的重要因素，目前国内一些农民合作社成员入社不用缴纳股金、会费，就享受会员资格带来各种福利，违背经济参与原则，也疏远了成员与合作社之间的紧密关系，无法体现二者利益的统一。

第四，独立性与自主性。农民合作社独立、自主性原则是保障成员利益的有效途径，在合作社发展初期资本缺乏、需要政府支持，所以资金和行政力量很容易对农民合作社过度干涉，资金干涉过度合作社倾向于转换为股份制企业由资本主导；政府干涉过多容易产生合作社对政府的过度依赖，变为行政的附属机构。这两种倾向都会导致合作社成员丧失对合作社管理权，让成员心理上和经济上都不再积极参与合作，这样的问题在发展中国家曾多次出现，直接导致农民合作社失败；而我国近 30 年的新型农民合作社发展中也存在这样的问题，相当多的农民合作社受到资金和政府过度干涉，导致农民合作社发展异化，远离合作的真正意义。特别是政府过度扶持的合作社产生严重的依赖性，政府支持发展就好，政府放手就发展停滞。所以如何扶持、扶持方式力度都是我们需要模式创新中需要解决的问题。农民扶贫合作社中政府、社会的支持是必不可少的，如何在外界的帮助实现农民的自我合作、自我扶贫，将被动扶贫变为主动扶贫是需要重点思考的问题。

第五，教育、培训与信息。农民合作社具有教育功能，教育本身又是扶贫重要途径，通过人力资本的积累可以让贫困成员有效提高收入、创造更多财富。回顾发达国家农民合作社的发展历程，教育工作在合作社发展初期就受到合作社的重视和政府的支持，通过合作社教育机构，农民得到关于合作社知识、农业生产知识、城市生活的相关技能，提高农民职业化水平以及提供农村剩余劳动力转移到城市机会，对贫困的缓解具有重要意义。我国农民合作社教育功能发展比较滞后，停留在农业技术推广层面，因此构建基于农民合作社的农村、农民工教育体系是非常必要的。

第六，合作社间的合作。基层农民合作社在市场竞争中会逐渐力不从心，为避免同行的恶性竞争实现规模经济，农民合作社具有联合发展的趋势，从不同功能合作社的联合，到不同地区合作社联合，合作社联合以后将形成庞大的经济组织能够有效地参与国际市场竞争，对农业弱势产业来说具有重要的保护作用。合作社联合发展意味着实力、功能的增加，对于贫困人口来说，就提供了更多的发展机会和可借用的组织资源，弱小的合作社和成员通过合作社组织间的联合，可有效地提高收入并降低经营成本。虽然合作社规模扩张会给基层成员带来无力控制感、归属感降低，但是合作社扩张以后专业化管理能有效地提升合作社管理绩效和经济收入，推进整个贫困地区产业、农村经济的发展，带动贫困人口脱贫。

第七，关注社区原则。这条原则说明，合作社对本地成员的重视，不仅仅带动本地成员经济发展，也会重视社区成员的精神、环境发展。合作社不但要满足社员的社会与文化的需求，还要促进其所在社区的持续发展，这说明合作社在追求效益的同时，还要兼顾公平，实际上是分担了政府的一部分职能，所以许多国家规定合作社可享受税赋减免优惠（杜晓山，2008）。关注社区原则体现合作社价值理念和社会责任，有利于促进当地贫困问题的缓解，贫困的原因是多重的、多元化的，包括资源、环境、人力资源、发展能力、身体状况、金融资本等都会导致贫困的产生，关注社区原则说明合作社对社区发展的全面关注，随着合作社规模扩大、功能扩展，合作社为成员提供服务也就更多，如生产、销售、消费、住房、教育、就业、医疗、金融等逐渐从农业生产、消费领域涉及成员生活各个方面（如水、电、暖基础设施、保险、信贷、住房等）。关注社区原则，将更有利于贫困人口的生产、生活方面收入、福利水平的提高。

3.2 农民合作社的目标与扶贫的关系

“合作社价值：合作社建立在自助、自主、民主、平等、公平和团结的价值基础上，合作社社员秉承合作社创始人的传统，坚持诚实、开明、社会责任、关爱他人的道德价值观”。根据农民合作社价值倾向，农民合作社经济目标和社会目标与股份制企业有很大差距，股份制企业遵循利润最大化，对股东负责；农民合作社对成员负责，一方面满足成员经济收入提高的要求，另一方面满足成员经济、社会需求，即使有些需求可能会增加合作社的经营成本。当然，农民合作社经济和社会目标是基于合作社可持续发展水平，保持平衡关系，农民合作社首先保障成员和自身经济收入才可能逐步实现社会目标。农民合作社管理制度让这些经济和社会目标实现且具有较强的扶贫外溢效应，不但贫困的成员可以获得这些服务，非合作社成员也可以免费的“搭便车”享受农民合作社的正外部效益。农民合作社的首要目标是提高成员所有收入即经济绩效，合作社通过提高农民组织化程度、整合成员资源、推广标准化生产技术、提升产量、塑造农产品品牌、统一生产、销售、实现价格改进、生产成本的降低，并依靠大规模的购销行为来实现市场谈判地位的上升。在贫困成员经济收入得到改善的同时，当地非成员农户以“搭便车”来享受合作社的服务，如农产品价格改进、品牌效应、农业新技术、市场谈判地位等，农民合作社经济目标的正外部性有助于帮助当地农业特色产业的发展。

农民合作社的社会目标是为成员发展、社区发展提供的各种服务，虽然不直接产生经济效益，但是可以长期促进成员与合作社发展的投入，如教育、基础设施、环境改善、健康、精神文化、信息、保险等方面的服务。这些服务能有效促进当地贫困问题的缓解，并且非农民合作社成员也可以享受到这些服务外溢的成果，如平均教育水平提高，生产、生活环境与设施的改善，社区精神文化生活丰富，信息交流的便利性，降低生产生活中的不确定性等。农民合作社还是政府与农民沟通的有效桥梁，农民合作社代表农户利益降低，农户与政府沟通的交易成本，有利于政府惠农政策的执行，并表达农户真实的需求。农民合作社所在地区的非成员农户依然可以免费“搭便车”，享受如价格改进、环境改善带来的好处，以及依托合作社帮助享受政府惠农政策和补贴。所以农民合作社经济和社会目标与扶贫工作目标具有高度一致性和天然的内在联系，加上近年来 NGO 组织对农民合作社发展和扶贫的实践参与，更有力地说明农民合作社发展与扶贫慈善公益事业可以有机地协同发展，双方存在内生的耦合关系。

3.3 农民合作社与扶贫的可持续性

从我国近年来扶贫工作的经验和问题总结中，可以发现欠发达地区现有扶贫项目对政府、社会依赖严重，在政府、社会支持周期内扶贫项目可以良好发展，一旦政府项目周期结束，很多扶贫项目就陷入发展困境，对外力严重的依赖是我国扶贫工作中存在的重要问题。如何克服政府扶贫的依赖性，提高扶贫工作独自、自主、可持续是下阶段扶贫工作中需要解决的困难。扶贫项目的可持续发展需要有两个重要条件：一个是可持续发展的载体，另一个是载体内储备的人力资源。当外部力量逐渐撤出以后，由当地扶贫机构继续运营项目，选拔当地的人才接管保持项目的良性运作，其中最为重要的是“人的因素”，这与合作社发展是不谋而合的，合作中最重要的是“人的联合”。农民扶贫合作社是一个实现可持续扶贫的模式，合作社作为独立自主经济主体，维持自己生存将是基本要求，以合作社为载体构建的扶贫项目，在政府支持周期结束以后，政府资金和管理人才会逐渐撤离，合作社将作为载体继续运营，并通过教育、培训的方式从本地选拔管理人才保障合作社与扶贫项目的可持续发展，从而避免返贫问题发生，帮助贫困人口从脱贫走向致富。合作社原则中独立自主原则和合作社的合作原则，也有利于扶贫合作社的可持续发展。

3.4 农民合作扶贫的机理逻辑关系

研究认为扶贫是农民合作社内生特征和本质属性，农民合作与扶贫的理论机理如图 3－1 所示。农民合作社具有推进成员发展的经济和社会目标，这些目标在合作社价值定义指导下，具有较好的扶贫效益的外溢性，不仅推动成员的脱贫问题而且带动贫困地区和非成员的发展。在合作社 7 条基本原则中，自愿开放原则允许贫困人口加入，民主管理原则让成员主动参与合作社管理，经济参与原则推进成员与组织的经济和心理关系，确定所有者、使用者、受益者的地位，确立了成员公平和民主的基础，并为贫困地区发展聚集了脱贫所需生计资本。贫困人口通过合作社可以享受到公共积累带来的经济收益和福利，由于农民合作社具有一定的公益性兼顾公平和效率，因此政府、社会要给合作社一定的优惠政策，如税收、财政补贴、社会捐赠等，为贫困成员与合作社发展奠定良好基础，通过人力资本、物质资本、金融资本、社会资本、自然资本的聚集效应，农民合作社可以带动成员和当地社区脱贫致富。教育、培训、信息原则为成员与合作社长期发展提供储备的人力资本，关心社区原则可以推进农民合作社与生态环境、社区的协调发展；独立自主原则、合作社的合作即联合发展原则保障了成员与合作社发展的可持续，当扶贫项目结束实现脱贫目标后，农民合作社与成员还面临着进一步致富的问题，农民合作社可以作为长期载体帮助农民实现经济增长和提供社会服务。因此，研究认为扶贫是农民合作社的内在属性和本质特征，农民合作社具有天然的溢贫性，但是结合目前我国农民合作社发展情况看，让农民合作社自发实现这个目标还需要长期过程，但是不能否认农民合作社发展对扶贫工作进程的积极推动作用和扶贫的有效载体功能，因此，我国农民扶贫合作社发展需要整合扶贫与合作社发展资源，在政府主导下，社会主体多元化参与，推动农民合作社与扶贫的协调发展。

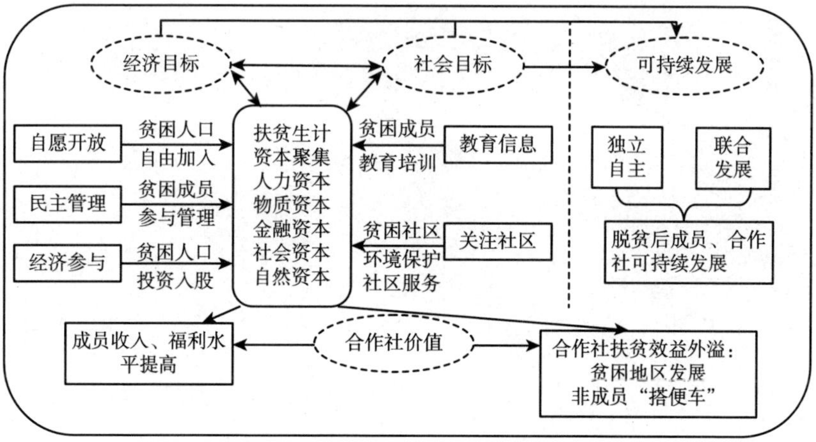

图 3－1　农民合作与扶贫的协调发展机理

第4章 欠发达地区农民合作扶贫模式构建

农民合作扶贫模式可定义为："以贫困农民为主体成立农民扶贫合作社，整合贫困地区农民、农村发展资源如资金、土地、劳动力、旅游资源、无形资产、政策等，农民扶贫合作社作为贫困农户与外界资源对接的载体，并在政府、社会、企业的帮助下实现外部资源的输入，以合作的方式带动农户自我发展、脱贫致富的模式。"

本章将构建以农民合作社为载体的扶贫模式，即合作扶贫模式，提出合作扶贫模式的整体构架和运作机制，整合农民合作社发展的资源与欠发达地区扶贫资源，研究外部资源导入渠道和方法，以及不同条件下欠发达地区类型、特色产生的差异，结合实际情况为促进二者协调发展进行模式创新。扶贫模式可以通过扶贫决策、扶贫资源传递、贫困者受益方式、过程效果监控的四个环节构建，从决策的角度看，扶贫决策包括：政府决策和农民决策两个主要决策，然后还有社会和企业决策，扶贫资源传递有几个方向：政府资源、社会资源、企业资源、农村集体经济资源、个人资源对农民合作社的输出，收益方式以农民合作社为载体，通过合作的方式将受益分配给农户。农民合作社作为资源输入和输出的载体，将贫困与农民合作社发展资源输入以后，以现代的管理制度和方法实现资产增值，并以公平的方式分配给成员也就是贫困地区的农户，这样实现"多对一"的资源输入模式和"一对多"盈利分配模式，合理划分组织边界，减少内部外部的交易成本，避免"多对多"扶贫路径，形成资源配置的规模效应，减少科层消耗和挪用风险，也为社会、企业提供直接的帮扶目标，通过扶贫载体创新，实现扶贫的规范化、科学化。农民扶贫合作社发展可提升农业产业化进程，带动当地经济发展，而农民合作社是为成员服务的主体性、针对性更强，过程效果监控，多元化监督和评价体系。

农民合作扶贫本质上是在稳定和完善农村基本经营制度基础上，以农民合作社为载体，通过机制创新，更好地激发家庭经营的活力，培育新型农业生产经营主体，如新型农民和家庭农场，提高农民组织化和农业服务社会化程度，由合作社提供服务政府购买，增强农民合作社独立发展能力，提高扶贫绩效。农民合作扶贫模式是一个综合性社区合作模式，不同的阶段可以发展不同的合作项目，从初期的包含农产品合作、土地合作，农业服务合作，到后期的农民金融合作、社区发展合作、住房合作等，成熟期的合作社可以兴办自己的企业让农民成为企业股东和员工，将贫困地区的农民发展与合作社的发展协调起来，以满足农民需求和减少贫困为目标发展多元化合作项目。在外模式创新中需要整合和统筹使用，涉农资金、扶贫资金、农业补贴资金、社区发展资金、政府的财政资金可以直接投入农民扶贫合作社，提高扶贫资金的使用效率，产生扶贫资金的规模效益。

4.1　农民合作扶贫模式的机理

4.1.1　合作扶贫的管理美学思考

我国扶贫工作理念大致可以分为三个阶段：救济式扶贫、开发式扶贫、参与式扶贫。救济式扶贫即财政扶贫资金直接发放到农民手中，农户参与程度不高，农民能力提高缓慢。开发式扶贫即在国家支持下，利用贫困地区的自然资源，进行开发性生产建设，用区域经济的发展带动贫困人口的收入提高，帮助贫困人口自我发展、脱贫致富。参与式扶贫是指政府根据当地人口的意愿定制扶贫发展规划，再将扶贫项目由当地村民实施，通过贫困人口的“参与”提高自我脱贫积极性和扶贫项目的可落地性。从我国扶贫工作理念的变化中可以明显看出，最重要的变化不是资金投入而是对人性的认识。从单纯将扶贫对象视为被动的接收者逐渐变为将扶贫对象视为扶贫工作的主体，这些变化是基于对人性认知的深入化、扶贫中“人”的地位在不断提高，人是扶贫的主体，也是扶贫的客体。扶贫工作中只有渗透人性的美、形式的美、形象的美，才能真正调动人的本质力量，从而取得最佳的扶贫效果，如图 4 – 1 所示。

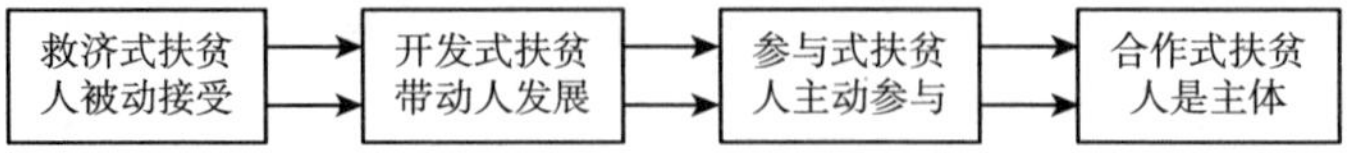

图 4 – 1　我国扶贫理念变化与扶贫中人性认知的变化

美学与管理学的关系密不可分的，扶贫工作最终目的是消除贫困、实现和谐社会，只有将扶贫管理与美学结合才能实现扶贫理念质的飞跃，充分调动贫困主体的积极性。管理美学介入扶贫工作将有助于人与自然、人与社会、人与人关系的和谐关系研究，揭示人性与扶贫的内在联系，提升人在实践中的审美素质，从而使扶贫工作更加艺术化、人性化。合作式扶贫中正式将“人”或合作社成员视为主体要素，一切围绕主体需求，调动扶贫主体的内在动力以构建可持续发展的扶贫模式。从管理美学的角度出发，农民合作社中首先是成员人与人之间的合作，只有基于和谐、信任的合作才能实现真正意义上的成员所有、成员管理、成员受益的合作社，这种信任关系包括成员之间的信任、成员对组织的信任、成员对管理者信任，高度信任的组织文化能够维护成员较高的忠诚度；合作社对于社区的关注体现人与社会的和谐关系，合作社为了提高成员福利最大化，会改善成员所在社区的基础设施、生产设施建设，非成员也会享受福利的外溢；农民合作社是以农业为主导产业并发展相应产业链，农业生态环境有利于农民合作社的可持续发展，绿色农业、有机农业也是农民合作社发展的方向，所以农民合作社发展有利于农村、农业生产环境的改善；合作是贫困成员团结发展、共同提高福利水平的有效手段，是和谐社会的实现形式之一，体现扶贫的美学。

4.1.2　合作扶贫的动力机理

合作扶贫的产生基于多个主体的需求，从欠发达地区农户的个人视角，摆脱贫困是他们的长期持久的愿望，他们需要组织化程度的提高。合作扶贫首先满足人性的归属感，并在这个载体上实现个人生存和发展需要，所以扶贫工作首先要激发“人”的本质力量，提高贫困人口自我发展的主动性，虽然人都有这样的愿望，但是需要外界的鼓励、帮助、指导，贫困会限制自我发展的思维和能力，形成因为贫困所以贫困的循环，打破这个循环需要外界支持，为贫困农户提供发展的路径和思维方式。从合作社的视角，合作的本质是弱势群体的联合，合作社本身就是为弱势的人群服务的，所以扶贫与合作有着天然的密切关系，扶贫合作社的主要目的就是帮助贫困人口的自我发展。从政府的视角，扶贫工作是我国政府长期的任务，关系到和谐社会的建设以及小康社会的实现。从社会的视角，当经济水平发展到一定程度以后，公益慈善将会是企业、个人、其他组织进一步发展的目标，社会责任感将是公民和企业的共识。所以扶贫合作可以说是有强大的“人”的本质驱动力、合作社内生驱动力和政府主导力、社会的外生助推力，以合作社为载体的扶贫模式将会适应社会发展的趋势，如图 4－2 所示。

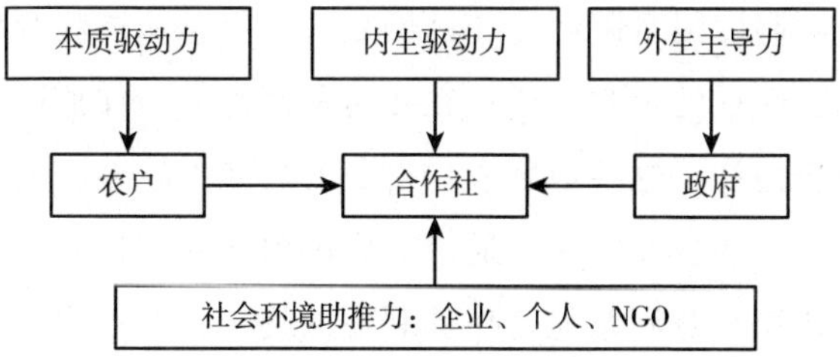

图 4－2　合作扶贫模式发展的动力机理

4.2 合作扶贫模式体系构建

欠发达地区农民合作扶贫模式如图 4－3 所示，构建一个由政府主导、社会联动的合作扶贫体系，“自上而下”地建立起“自下而上”的民主管理的合作扶贫模式。农民合作扶贫模式将二者有机地结合，整合相关资源，提高扶贫效率，实现二者的协调发展，合作扶贫模式能够在一定程度上弥补其他扶贫模式的不足。合作扶贫模式的主导力是政府，农民合作社是扶贫的载体，通过农民扶贫合作社的载体利用政府资源将扶贫工作市场化、公益化，利用乘数作用引导社会资源进入欠发达地区的扶贫工作。合作扶贫模式为政府的扶贫工作提供了一个新的思路和途径，将政府扶贫预算的一部分用于欠发达地区的农民合作社发展中，并基于农民扶贫合作社整合农村集体经济，强调这些合作社的扶贫功能。政府支持、培育欠发达地区农民扶贫合作社的发展，并由农民扶贫合作社带动贫困农民的发展，这个体系中农民是扶贫合作社的所有者和使用者，随着扶贫合作社的发展壮大，成员的收入、合作意识将会提高。欠发达地区贫困的成因和类型有所差异，农民扶贫合作社的发展将受到环境、人力资本、制度等多重因素的制约，环境因素影响着合作社发展的具体项目、人力技能因素影响成员的参与、制度因素限制合作社的成长。但是从国际合作社发展经验看，农民合作社的发起往往是在相对贫困地区，如德国、芬兰、西班牙的农业合作社。这些地区农户自我发展能力较差，他们需要合作发展，具有合作的自发需求，通过政府的引导和支持和一定时间的培训，让农民认识自身利益与合作社利益的统一，当更多农民看到加入合作社能够带来收入的提高时，农民就会认可合作社从而实现合作社的良性发展。所以政府前期对扶贫合作社的支持和补贴非常重要，以政府主导作为主要的推动力，用政府的力量解决初期的启动、项目选择和生存问题，政府投入、社会慈善、农村集体经济这些公共积累会让农民看到合作扶贫的希望。

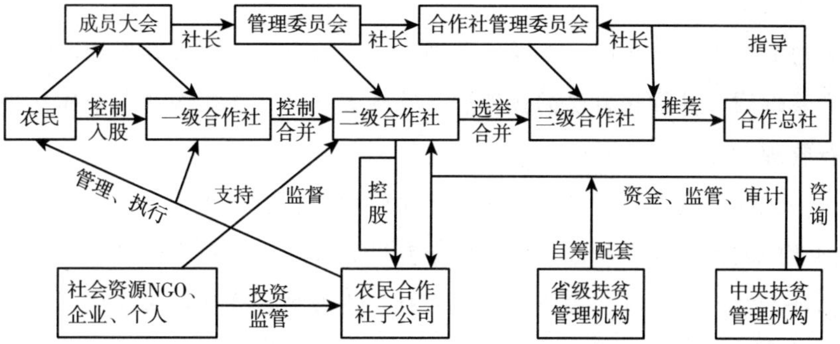

图 4-3　欠发达地区农民合作扶贫模式构建

农民合作扶贫组织的构架主要由一级扶贫合作社、二级扶贫合作社、三级扶贫合作社、全国扶贫合作总社构成。一级扶贫合作社是执行机构和信息中介，村民直接参加的基层合作社，主要是生产功能并作为村民和其他合作社信息交流的中介；二级扶贫合作社是管理核心，由一级合作社联合产生，主要功能是管理农民扶贫合作社经营的资产和农业产业，管理者由一级合作社选举；三级扶贫合作社是合作社的合作社，同时具有合作社银行功能，由二级扶贫合作社合并或者选举产生，负责协调二级扶贫合作社发展和问题；全国扶贫合作总社是指导和咨询机构，纯公益组织对下级合作社没有实际的管理权和经营收入。扶贫合作社的管理制度与农民合作社管理制度类似，"一人一票"民主管理，农民将是合作社真正的所有者、使用者、受益者，欠发达地区农民通过扶贫合作社的载体实现与政府、社会扶贫资源的对接，并整合欠发达地区农民合作社发展与扶贫资源，共同纳入欠发达地区的农民扶贫工作中。

一级扶贫合作社作为主要的执行机构和传递信息中介，不是独立运营、自负盈亏的组织。欠发达地区的农民通过宣传和引导，加入一级农民扶贫合作社，社长负责基层村落里的合作社日程事务的传达和通知，没有决策权只是执行二级扶贫合作社的管理决策，并执行农民合作社公司的业务操作流程。在合作社管理上，一级合作社只是一个基本的单位负责联络成员，从合作社子公司的视角上，一级合作社是公司的基本生产车间。普通成员通过成员大会选举一级合作社的社长和管理层，并推选自己的代表进入管理委员会，对二级扶贫合作社进行管理。

二级扶贫合作社是合作扶贫体系管理的核心，主要是区域或者全国性的农民专业合作社、农民资金互助合作社、农机合作社、灌溉合作社、社区合作社、农业保险合作社、农业信息合作社等根据欠发达地区农民需求创立的各种功能的合作社。二级扶贫合作社各自独立，对各自的成员负责，自负盈亏，农户可以根据自己的需求加入各种不同的合作社享受各种服务，并支付会员费和股金。二级扶贫合作社的概念是某种农产品或者农业服务的全国性或者区域性的合作社。二级扶贫合作社成立合作社的子公司，并占有51%以上的绝对控股权，由子公司进行农业产业的具体运作，聘请职业经理人对子公司进行管理，合作社不直接干预公司的运营，但是保持对子公司的绝对控制权。

三级扶贫合作社是合作社的合作社，它的成员都是各个二级扶贫合作社，没有个体的农户，三级扶贫合作社的主要责任和功能是协调二级扶贫合作社发展和规划，由二级扶贫合作社选举出来的合作社管理委员会进行管理，管理委员会的成员主要是农民、专家和职业经理人，具有一定能力的职业农民将是三级扶贫合作社主要管理者。三级扶贫合作社第二个功能是合作社银行的运营，对成员合作社的资金进行保管和服务，为各个合作社提供贷款或者存款业务服务，并管理资金互助合作资金和农民信用合作的资金。每个合作社和合作社成员在合作社银行里都有自己的现金账户，三级扶贫合作社的本质就是合作社银行，为合作社和其成员提供金融服务，并对中央政府、省级政府下拨的扶贫与合作社发展资源和资金提出建议和方案，并对合作社管理和运营进行监管和规范。三级农民扶贫合作社也可以与农村信用社、农业银行进行合作，但是农民合作社银行需要封闭运营，仅为合作社与其成员服务，不以盈利为主要目的。

全国扶贫合作总社是一个科研和公益机构，由三级扶贫合作社选举或者聘任产生，负责对全国扶贫合作社进行指导和建议，同时也是和中央政府沟通的主要渠道和桥梁，向中央和省级政府提供二级和三级扶贫合作社的信息，国家的扶贫政策和合作社政策由合作社总社下达给二级扶贫合作社，合作社总社对二级、三级合作没有管理和决策的权利，经费来源于二级扶贫合作社会费的缴纳、信息杂志的出版、社会公益捐款、自由资产的受益和政府补贴。

合作扶贫体系由政府引导，在咨询全国合作总社之后，中央扶贫机构下拨合作社发展和扶贫资金，并由省级扶贫机构配套或者下拨资金，转到二级扶贫合作社的账户中，这些账户由三级扶贫合作社管理，即合作社银行管理。这些资金可以下拨到合作社账户作为项目启动资金或者公共积累，也可以直接作为股份、债券直接投入合作社子公司促进公司的发展。社会资源中个人、企业、NGO 组织也可通过二级扶贫合作社、合作社子公司两种渠道参与到扶贫合作体系发展中，用政府的资源带动扶贫地区合作社发展。社会资源投入合作社子公司中可以作为公司的股份、债券并获得资本市场的合理收益；也可以投入二级扶贫合作社中作为公益事业捐献给欠发达地区的合作社，或者作为合作社公共积累，或者根据捐献人的要求在合作社的经营范围内作慈善和公益事业。

扶贫合作体系的启动资金可以来源政府以及由政府带动的社会投资、社会公益资本等渠道，所以对二级、三级扶贫合作社的监管也是全方位、多渠道的，如政府的审计部门、银监会、工商部门。社会资源的监管可以由投资人、第三方监管机构、公益慈善的 NGO、个人等，只要对合作扶贫的出资人都可以按照规定，对资金的流向和使用进行全方位的监管，同时欠发达地区合作社的成员对于资金的使用和监管也是比较重视的，这关系到个人福利、收入和公共积累，所以就形成合作扶贫体系的全方位监管体系。

4.3 农民扶贫合作社的功能

政府引导建立的农民扶贫合作社主要功能是为贫困农民服务、提高农民收入。农民扶贫合作社的组建和运营仅仅依靠农民自发是不可行的，扶贫合作社发展需要政府预算支持，购买合作社的扶贫服务，聘请专业人员管理合作社。贫困人口的成因和现状具有一定的差异，所以对不同类型的贫困人群需要有不同的合作服务来覆盖这些人群，帮助他们摆脱贫困的生活。农民扶贫合作社具有以下八种扶贫功能：农业产业扶贫，社区扶贫，信用合作扶贫，农业保险与农业金融产品的创新，农业信息化扶贫，文化、教育、培训扶贫，权利扶贫，项目开发扶贫。这些功能可以根据需求构建不同的合作社，也可以一个合作社具备两个以上的功能。农民可以根据自己的需求参与多个合作社。如留守在村里的老、弱、幼群体可以加入农业产业合作社，将土地入股给合作社经营获得股金的受益，具有劳动能力的还可以获得工资性收入；可以参与社区扶贫合作社，获得政府、社会的公益项目和社区扶贫工作的帮助，解决基本的生活和教育问题；可以参加信用合作将政府的生活补助和家庭存款存入扶贫信用合作社，提高资金受益并获得扶贫贷款的机会；可以参加农业保险服务降低农业生产风险。有劳动能力缺乏专业知识、资金的农民可以参加多个合作社获得项目开发、培训、创业、就业、贷款、保险等多种合作服务。

4.3.1 农业产业扶贫

根据欠发达地区的农业产业特色和自然资源、经济条件选择具有发展空间的农产品作为主导产业，并带动附近连片贫困地区的协调发展。建立区域的主导产业，并提供“一条龙”的产业链服务，农业产业扶贫需要农民、村委、官员、专家咨询团的协同制订规划，以农民需求为核心，制订发展规划，构建欠发达地区的农业主导产业，由农民合作社带领农民致富，统一标准化生产、技术指导、销售、采购农用物资。

4.3.2　社区扶贫

社区扶贫主要是公益和慈善事业，如养老、医疗服务等，以提高成员的生活质量为主要目标，社区扶贫的主要作用：一是与社会资源对接开展公益和慈善扶贫事业，主要针对没有劳动能力的贫困人口进行生活的帮扶，实现社会资源与扶贫事业对接；二是生活资料的统一购买，在欠发达地区的村落建立生活资料购销的连锁店，降低生活成本、提高产品质量。

4.3.3　信用合作扶贫

在有条件的欠发达地区开展合作社内部的信用合作，通过合作社的自有资产和国家扶贫资金对成员开展低息的贷款，满足成员生产发展的需要；也可以通过农民资金互助合作社开展封闭运营的存款和贷款业务，防止扶贫资金的外溢。信用合作扶贫需要三级合作社的监管和支持，以合作社银行作为主要的金融扶贫的载体。

4.3.4　农业保险与农业金融产品的创新

欠发达地区自然环境相对恶劣，农业生产风险往往导致农民返贫，所以扶贫财政支持下农业保险是保证农民减少返贫的主要工具，扶贫农业保险对减少贫困率有重要帮助。此外，为了避免农产品生产规模的波动，需要在期货市场上创新更多的农产品期货等金融产品，由合作社进行期货等农产品金融市场的买卖，进一步降低农产品市场和自然风险，同时增加新的农业融资渠道。由于农业生产的不确定性较高、个体农户购买农业保险的交易成本也较高，如果没有政策支持，保险公司就不积极发展农业保险，而通过农民合作社统一购买或经营农业保险可以降低农业生产的风险和交易成本，政府部门的补贴也更有针对性。

4.3.5 农业信息化扶贫

电子商务的发展对传统农业有巨大的冲击作用，通过扶贫合作社建立 B2B、B2C 的平台，将有利于欠发达地区农业生产与市场的对接，推进特色农业的品牌打造。农民合作扶贫体系的信息平台，将改变欠发达地区农民生产、生活的方式，用信息改变贫困的生活状态。

4.3.6 文化、教育、培训扶贫

教育扶贫是解决欠发达地区贫困人口人力资源短缺问题的最根本方法，也是长期的有效的扶贫措施。扶贫合作社需要建立农民职业培训学校，对欠发达地区农民进行培训。第一，合作文化的培训，让农民认识到合作社与自己利益的统一，积极参与农民扶贫合作社的经营管理并获得工作机会；第二，职业农民的认证和培训，通过职业培训的农民将会获得更多的贷款额度和发展机会，并有更好的职业发展途径；第三，农村贫困大学生的支持，扶贫合作社要对贫困的农村大学生给予生活上和经济上的支持，在就业和创业方面提供援助，并鼓励受支持的大学生回到合作社进行工作，实现人力资源的扶贫。第四，农民工流动和再就业培训。我国现代农业发展中大批农民必定从农业

向非农业流转，实现“农民—农民工—市民”的转化，这个转化过程需要对转出农民进行一定培训，包括城市生活技能培训、就业培训、能力提高培训等。

4.3.7 权利扶贫

现有贫困的原因中有一条是权利的贫困，扶贫合作社将尊重农民主动参与扶贫的意愿，帮助农民实现自我发展的需要，给贫困的农户合适工作岗位及工资性收入，鼓励成员参与合作社经营管理和村委的选举。通过赋权来提高贫困农民的自信、改变其思维方式，促进自我价值的实现和能力的自我发展。

4.3.8 项目开发扶贫

欠发达地区的扶贫项目是因地制宜的，通过扶贫合作社整体发展规划确定适合当地资源的工业项目、农业项目、旅游项目等，这些项目可以作为扶贫合作社子公司的项目，用国家的资金引导社会资本的进入，实现社会资源与欠发达地区合作社发展的整合与对接。扶贫项目开发应当重视贫困农户的主体地位，从规划起就要鼓励当地农户的参与，结合当地知识发展适宜的扶贫项目，当地农民需要在规划团队中占有一定的比例。

4.4 合作扶贫模式的特征

4.4.1 政府主导、多种资源整合

合作扶贫模式主要的初始动力是政府扶贫与合作社资源的推动，

由财政拨款带动社会资本的介入。政府本身需要整合欠发达地区的合作社发展资源和扶贫资源，并主动构建扶贫合作社发展体系，然后利用政府投资的乘数作用整合各种社会资源，如果没有政府资金作为启动，就很难吸引社会资本到欠发达地区的扶贫合作社中，无论是欠发达地区还是农业、合作社本身在资本市场上都缺乏足够的吸引力。

4.4.2 民主管理

农民通过合作、成员大会、管理委员会控制农民合作扶贫体系，每个管理层中农民的比例要占到40%以上，以传统合作社管理原则来进行扶贫合作体系的管理。涉及合作社重大发展事宜，必须通过“一人一票”的管理方式，尽管这种管理模式的效率一再受到质疑，但这种管理方式却是真正代表了农民的利益和意愿。合作扶贫模式的管理核心是二级扶贫合作社，农户通过成员大会、管理委员会对二级扶贫合作社进行管理。

4.4.3 职业化管理

合作社子公司的管理方式完全是职业化管理，聘请职业经理人进行公司化运作，经理对董事会负责，董事会由农民合作社控股，子公司的本质就是农民扶贫合作社吸引社会投资的渠道和项目，为合作社扩大资本规模和市场的作用。合作社不干预子公司的日常运作，如有意见可以通过董事会撤换职业经理人。对于合作企业家或富裕的农村精英可以通过子公司给予合理的回报，鼓励他们发展合作社子公司并带动更多贫困地区的农户发展，提供更多的就业机会。

4.4.4 扶贫的精准性和包容性

通过对贫困农民的分类将不同的农户纳入不同的合作社中，农户可以根据自己的需要加入多个合作社，所以扶贫合作社对贫困农民可以是全覆盖的。对于欠发达地区的富裕农户也将纳入扶贫合作社中，这些农户具有一定社会资源和能力，对扶贫合作社与合作社子公司发展来说是不可或缺的人力资源，所以这些富裕农户可以通过合作社子公司参与合作社发展项目，并带动整个合作社的发展。

4.4.5　提高扶贫资金的使用效率

中央和省级的扶贫资金将直接划拨到三级扶贫合作社的合作社银行中封闭使用、专款专用，这样就绕过了资金挪用风险较大的县级、乡级、村级行政机构，减少资金违规使用的风险。此外，合作扶贫资金的预算是由二级扶贫合作社提出的，并通过三级、合作社总社的修改和完善，由政府批准，农民从项目制定和执行、监管都是全程参与的，扶贫合作项目充分表达了成员意愿，并有专家、官员、农民、职业经理人共同制订年度发展规划，从整体上提高了扶贫资金的使用效率，减少了资金的时滞性。

4.4.6　多渠道资源投入和监管

扶贫合作体系的资金以政府为主带动企业、个人、NGO、农户等社会资源，所以扶贫合作社的监管也是多渠道的，政府监管、农民监管、投资或捐赠的企业、个人都可以对合作社运营进行监管，实现了全方位的监管体系。

4.4.7　对人的重视

合作扶贫模式中的核心是“人”，把扶贫对象作为工作的核心，一切围绕着人开展项目，只有充分调动人性，才能真正做到扶贫的可持续性。扶贫合作社中最重要的资源是成员，也就是扶贫对象，这个模式将成员作为主体，尊重成员的参与性、权利和意愿，以政府资源开发“人”的本质力量，构建可持续发展的扶贫模式。

第5章　欠发达地区农民合作扶贫模式的量化分析

5.1 模型构建

扶贫是社会、经济、政治与自然环境等多种因素共同驱动作用的结果，而农民合作扶贫模式是以农民合作社作为载体，将农民合作的变量加入扶贫模型中，所以本书构建了 CMI 模型（C—合作化程度、M—合作乘数、I—外生激励），合作化程度就是合作社发展的水平，包括区域农民合作社整体发展水平、农民合作社发展规范化程度、成员数量、合作社规模、公平、民主、信任程度等变量；M 就是农民合作乘数，也就是农民合作化程度的变量的系数，农民合作程度的变动对农民合作社扶贫绩效的影响，所以合作乘数并不是一个系数而且是一系列系数。I 就是外在的资源、政策激励，政府和社会的帮助对农民合作社发展绩效的影响。为了更好地研究农民合作社的扶贫作用，本书在贫困地区获得有效问卷 433 份和在非贫困地区获得 653 份有效问卷，所有调研对象都是农民合作社成员，分析不同地区农民合作社对农民、农村发展的带动作用，通常情况下经济发达地区农民合作社发展情况较好，农民经济基础较好、市场发展相对成熟，农民有实力承担农民合作社前期运营成本，合作意识、合作意愿也相对强烈；欠发达地区农户特别是贫困农户对合作社了解程度较低，也无力承担合作社前期运营成本，有一定的合作意愿但是受到经济基础和传统思维桎梏较多，农民合作社发展水平也相对滞后，但是这并不意味只有经济发达地区的农村才能发展农民合作社，本书认为欠发达地区发展农民合作社必要性更强，因为合作社是弱者的联合，更需要通过多种手段扶持。

根据前面的理论分析，本书认为农民合作社能够作为扶贫工作的有效载体，农民合作社扶贫模式将有利于推动欠发达地区扶贫工作的开展。在模型的量化分析中，首先，我们要验证农民合作社发展对扶贫工作的贡献程度，这里的贡献程度包括对村民收入的贡献，以及对农村社区发展的贡献，也就是农民合作社的扶贫绩效，包括个人和农村社区层次，也就是 C 合作化程度对 Y 的影响。其次，本书试图找出影响农民合作社绩效因素，农民合作社的哪些特征能够影响扶贫绩效，也就是 X 对 Y 的影响，计算出 M 合作成熟。最后，外界因素对 Y 的影响也就是 I 外生激励。虽然我国现有的农民合作社并没有将扶贫作为主要功能，但农民合作社的主要功能是提高农民组织化程度并提高农民收入，降低农民的生产生活成本，这些作用放到欠发达地区，也就是对扶贫的一种推动作用。通过对现有数据的梳理分析，我们验证了农民合作社扶贫作用以后，可以根据相应的影响因素，进一步构建和完善本书提出的农民合作社扶贫模式。

这里我们测度的因变量是农民合作社的扶贫绩效，根据前人研究的成果和本书的研究目标，我们将绩效定义为两个部分。第一个部分是农民合作社对成员发展的影响，我们选择的三个测度变量：Y_1农民合作社对您提高收入的帮助程度；Y_2农民合作社对农产品价格改进程度；Y_3农民合作社对您生产成本降低的帮助程度。第二个部分是农民合作社对农村发展的影响，主要包括：Y_4农民合作社对农村经济发展的促进作用评价；Y_5农民合作社对农村社区发展的促进作用评价；Y_6农民合作社对农村生态环境改善的作用评价。这些变量的选择主要出于以下几个方面的考虑：第一，贫困成因是多元化的，不仅要考虑到经济因素主要是收入变量，而且应考虑到生产成本和环境因素。第二，农民合作社的原则包括成员个人发展、组织发展、社区发展，关注社区也是农民合作社的重要目标，扶贫应该是经济和社会因素综合考量。第三，扶贫是多主体、多元化的行为，不单单是政府行为而且是贫困农民个人行为、社会行为、企业行为，因此，外界的帮助是必不可少的，从主体行为研究中应该是以农民合作社成员为主要研究对象，本书提出的模式中狭义上讲这个农民扶贫合作社的成员也就是贫困农户，广义上讲可以扩大为贫困地区的农户，因为农民合作社扶贫工作有较好的正外部性，社区发展必定是整个农村区域的脱贫，贫困地区的非贫困农户对农民扶贫合作社发展有重要的帮助作用，这些农户包含农村精英，这些农村精英往往是农民扶贫合作社发展初期的重要力量。因此 CMI 模型可以表达为：

$$Y = F(\text{农民基本特征、农民合作化程度、内外部激励情况}) \tag{5-1}$$

即：

$$Y_i = \alpha_i Z_i + \beta_i I_i + M_i C_i + \varepsilon \tag{5-2}$$

在自变量的选择中，本书参考前人的研究成果，并创新性地提出合作化程度的变量，重点研究农民合作社发展对扶贫效果的影响。因此自变量的选择可以分为以下几个类型：（1）农民的基本特征 Z_i，如年龄、性别、收入、贫困程度、土地面积、社会资本、融资需求、学历、劳动力人数等。（2）农民合作化程度 C_i，如当地合作社数量、村民参加合作社比例、成员数量、合作社资产、成员身份、公平、民主、信任、规范、成员差异程度、自由程度、入股情况、股权集中度、当地合作社发展情况评价；M_i 则是合作乘数，用于考察哪些农民合作社发展变量对农民合作社绩效显著程度较高的自变量的系数。其他的变量可以作为内外在的激励情况 I_i。（3）政府部门扶贫情况，如扶贫工作满意度、扶贫工作评价、获得扶贫项目、到手扶贫资金。（4）其他情况，如土地确权、土地流转情况、合作社与村委会关系。但由于使用和阅读习惯报告中的自变量还是用 X_i 统一表达，便于理解。为了更好地分析农民合作社扶贫功能，研究调研了贫困地区的农民合作社与非贫困地区的农民合作社，并将地区作为分类变量 D_1 进行比较，为了更进一步分析农民合作社对贫困人口的帮助，本书选择 D_2 变量用于区分贫困人口与非贫困人口。我们的研究目标是欠发达地区农民合作社的扶贫模式，所以在调研中只要是欠发达地区的农民合作社都是我们的调研目标，为了更加深入了解欠发达地区与发达地区的区别，我们以是否是贫困县为标准，并比较两个地区农民合作社成员对合作社绩效的评价。为了更进一步地研究农民合作社的扶贫绩效和模型的稳健性，本书将所有成员分为贫困成员和非贫困成员两个组，进行验证，同时考察贫困成员与非贫困成员行为和意愿的差异。

根据研究需要，本书构建了 6 个因变量测度农民合作社对扶贫的作用，从村民视角出发的有：Y_1，农民合作社对您提高收入的帮助程度；Y_2，农民合作社对农产品价格改进程度；Y_3，合作社对您生产成本降低的帮助程度。从农村社区发展视角出发的有：Y_4，农民合作社对村经济发展的带动作用；Y_5，农民合作社对村社区发展的带动作用；Y_6，农民合作社对生态环境的改善作用。采用的数据是成员对农民合作社的评价，从最低 1 分，到最高 5 分。本书采用排序 Probit 模型（ordered probit model）来估计农民合作社对成员、农村经济、社会、环境多方面的影响。排序 Probit 模型的思路首先假设存在潜在变量 y＊与被解释变量 y 存在如下关系：

$$y = \begin{cases} 0, \text{if } y* \leqslant \gamma_0 \\ 1, \text{if } \gamma_0 < y* \leqslant \gamma_1 \\ 2, \text{if } \gamma_1 < y* \leqslant \gamma_2 \\ \cdots \\ J, \text{if } \gamma_{J-1} \leqslant y* \end{cases} \tag{5-3}$$

而$y^* = x'\beta + \varepsilon$是不可观测变量，其中$\gamma_0 < \gamma_1 < \gamma_2 < \cdots < \gamma_{J-1}$被称为切点。假设 $\varepsilon \sim N(0, 1)$ 分布，那么可以产生如下 y 的条件期望：

$$P(y = 0 \mid x) = P(y* \leqslant \gamma_0 \mid x) = P(x'\beta + \varepsilon \leqslant \gamma_0 \mid x)$$
$$= P(\varepsilon \leqslant \gamma_0 - x'\beta \mid x) = \Phi(\gamma_0 - x'\beta)$$
$$\cdots$$
$$P(y = J \mid x) = 1 - \Phi(\gamma_{J-1} - x'\beta) \tag{5-4}$$

由此可以得到样本的似然函数，并得到 MLE 的估计量。

5.2 数据描述

本书共发放问卷1300份，回收有效问卷1086份，调研分贫困地区和非贫困地区两个部分，贫困地区选择了山西省的五寨县、岢岚县，陕西省铜川市耀州区，河南省卢氏县、封丘县、兰考县、滑县、确山县、固始县、新县、南召县、淅川县、睢县、嵩县、鲁山县，作为主要的考察对象，并在贫困县中挑选具有代表性的农民合作社作为样本获得有效样本433份，都是贫困县农民合作社成员。非贫困地区调研陕西省的铜川市王益区、西安市户县，河南省的武陟、商城、汝州、安阳县、新乡县、偃师、沈丘、密县、温县、杞县、夏邑县、辉县、桐城、西华县、内乡县、泽城、凤阳县、镇平县、义马、方城、光山县、上蔡县、浚县、南乐县，获得653份有效问卷作为对比数据，分析农民合作社在贫困地区和非贫困地区的作用。调研的合作社总量100个，涉及养殖、种植、农机服务多个服务类型。在解释变量中本书构建D_1变量，用于区别贫困地区与非贫困地区的农民合作社的扶贫作用。如果D_1显著说明贫困地区农民合作社在这个被解释变量中有重要作用，对贫困地区作用更大。D_2用于是否是贫困人口，如果这个变量显著，说明贫困人口在这个被解释变量中有重要作用，对贫困人口的帮助作用更大。具体变量定义如表5-1所示。

表5-1　变量描述表

被解释变量	变量取值
Y_1：农民合作社对您家提高收入的帮助程度	1=很小；2=比较小；3=一般；4=比较大；5=很大
Y_2：农民合作社对您家农产品价格改进的帮助程度	1=很小；2=比较小；3=一般；4=比较大；5=很大
Y_3：农民合作社对您家生产成本降低的帮助程度	1=很小；2=比较小；3=一般；4=比较大；5=很大

续表

被解释变量	变量取值
Y_4：农民合作社对村经济发展的带动作用	1 = 很小；2 = 比较小；3 = 一般；4 = 比较大；5 = 很大
Y_5：农民合作社对村社区发展的带动作用	1 = 很小；2 = 比较小；3 = 一般；4 = 比较大；5 = 很大
Y_6：农民合作社对村生态环境的改善作用	1 = 很小；2 = 比较小；3 = 一般；4 = 比较大；5 = 很大
解释变量	**变量取值**
D_1是否贫困地区	1 = 是，0 = 否
D_2是否是贫困人口	人均纯收入按照 0 和 1 分组， 1 = 3000 以下；0 = 3000 以上
控制变量	**变量取值**
社员个人和家庭特征、社会资本	
X_1年龄对数	年龄的对数
X_2性别	1 = 男，0 = 女
X_3文化程度	1 = 小学以下；2 = 小学；3 = 初中；4 = 高中；5 = b 本科及以上
X_4家庭劳动人口数量	个
X_5家庭收入对数	收入的对数
X_6合作社管理层与村委会的重合程度	① 非常低 ② 比较低　③ 一般　④比较高　⑤很高
X_7您所在合作社与村委会的关系	① 很差 ② 比较差　③ 一般　④比较好　⑤很好
X_8农地面积对数	土地面积对数
X_9贷款难易程度	①难 ②一般③不难
X_{10}经常联系的人物中有无担任行政领导职务者或成功知名人士	1 = 是，0 = 否
X_{11}土地是否办理确权登记	1 = 是，0 = 否
合作社发展情况	**变量取值**
X_{12}所在合作社发展水平	① 很差　②比较差　③中等水平　④比较好　⑤很好

续表

合作社发展情况	变量取值
X_{13}您知道的当地合作社有几个	个
X_{14}本村村民加入合作社的比例	①15%以下 ②30%~45% ③45%~60% ④60%~75% ⑤75%以上
X_{15}您所在合作社是否有贷款服务	①是；②否
X_{16}合作社是否实施标准化管理	①是；②否
X_{17}您是否接受过合作社的培训	①是；②否
X_{18}您认为您所在合作的民主程度	①不民主 ②不太民主 ③一般 ④比较民主 ⑤很民主
X_{19}所在合作社公平程度	①不公平 ②不太公平 ③一般 ④比较公平 ⑤很公平
X_{20}所在合作社自由程度	①不自由 ②不太自由 ③一般 ④比较自由 ⑤很自由
X_{21}您所在合作社信任程度	①非常低 ②比较低 ③一般 ④比较高 ⑤很高
X_{22}合作社是否要求成员入股	①是；②否
X_{23}合作社股权集中程度	①非常低 ②比较低 ③一般 ④比较高 ⑤很高
X_{24}您在合作社的职位——普通成员	①是；②否
X_{25}合作社农户数量对数	数量的对数
X_{26}合作社资产对数	资产金额的对数
扶贫情况	**变量取值**
X_{27}您对政府扶贫工作满意度评价	①不好 ②不太好 ③一般 ④较好 ⑤很好
X_{28}补贴资金到手金额对数	补贴资金的对数
X_{29}扶贫工作—公平程度评价	①不好 ②不太好 ③一般 ④较好 ⑤很好
X_{30}扶贫工作—信任程度评价	①不好 ②不太好 ③一般 ④较好 ⑤很好
X_{31}扶贫工作—监管程度评价	①不好 ②不太好 ③一般 ④较好 ⑤很好
X_{32}扶贫工作—公开程度评价	①不好 ②不太好 ③一般 ④较好 ⑤很好
X_{33}扶贫工作—资金使用效率评价	①不好 ②不太好 ③一般 ④较好 ⑤很好
X_{34}扶贫工作—目标准确情况评价	①不好 ②不太好 ③一般 ④较好 ⑤很好
X_{35}扶贫工作—村民参与程度评价	①不好 ②不太好 ③一般 ④较好 ⑤很好

续表

扶贫情况	变量取值
X_{36}扶贫工作—提供的就业机会评价	① 不好 ② 不太好 ③一般 ④较好 ⑤很好
X_{36}扶贫工作—周期回访情况评价	①很不好 ② 不太好 ③一般 ④较好 ⑤很好

为了更清晰地比较贫困地区和非贫困地区农民合作社成员的差异，本书将数据分为两组进行对比。从表 5－2 的数据可以看出，贫困地区与非贫困地区在家庭劳动力数量、贷款难易程度方面差距不大，但是在劳动力年龄、文化程度、家庭收入、社会资本方面差距较大，所以成员的人力资本缺乏是贫困的主要成因。在贫困成员的比例中非贫困地区的对贫困成员的包容性更强一点，达到了 30.9%。

表 5－2　　成员特征比较

变量	贫困地区	非贫困地区
年龄	52（均值）	43（均值）
性别	77.1% 男性	60.8 男性
家庭劳动力数量	2.64（均值）	2.63（均值）
文化程度	2.59（均值）	3.29（均值）
年家庭收入	80% 在 3 万以下 39340 元（均值）	80% 在 6 万以下 46655（均值）
家庭经营土地面积	13.66 亩（均值）	11.0888 亩（均值）
贫困成员比例	26.3%	30.9%
贷款难易情况	1.57（均值）	1.58（均值）
经常联系的人物中有无担任行政领导职务者或成功知名人士	22.4% 选择有	37.4% 选择有
土地是否办理确权登记	76.9% 已经确权	73% 已经确权

从表 5－3 农民合作社发展的水平来看，贫困地区与非贫困地区农民合作社整体水平评价类似，但从贫困地区农民合作社数量均值来看数量较多，从村民参与农民合作的比例来看还是非贫困地区更高一点。样本内贫困地区农民合作社提供贷款服务和标准化管理的水平较

高一些，从培训方面看，还是非贫困地区做得更好，培训率达到100%。在民主程度、公平程度、自由程度、信任程度、股权集中度方面非贫困地区发展较好。资产和成员数量方面贫困地区成员数量少，但是资产均值较高。在和村委会关系方面，非贫困地区的合作社管理层与村委会的重合程度较高，但是农民合作社与村委会的关系较差，贫困地区的情况相反。在绩效评价中农民合作社对您提高收入的帮助程度、农民合作社对您生产成本降低的帮助程度、农民合作社对村经济发展的带动作用、农民合作社对村社区发展的带动作用、农民合作社对生态环境的改善作用几个方面贫困地区农民合作社的评价更好；非贫困地区在农民合作社对农产品价格改进程度评价中得分较高。

表 5－3　　　　农民合作社发展水平比较

变量	贫困地区（均值）	非贫困地区（均值）
当地合作社发展水平	2.83	2.85
您知道的当地合作社有几个	2.78	1.76
本村村民加入合作社的比例	1.96	2.03
您所在合作社有贷款服务	25.4%	17.9%
合作社实施标准化管理	63.05%	53.75%
您接受过合作社的培训	66.51%	100%
您认为您所在合作的民主程度	2.84	2.92
所在合作社公平程度	2.86	3.15
所在合作社自由程度	3.00	3.47
您所在合作社信任程度	2.90	3.28
合作社股权集中程度	2.14	1.93
合作社农户数量	56.93 户	80.49 户
合作社资产	65.90 万元	40.88 万元
合作社管理层与村委会的重合程度	2.45	3.17
您所在合作社与村委会的关系	3.75	3.15
合作社对您提高收入的帮助程度	2.70	2.61
农民合作社对农产品价格改进程度	2.35	2.63

续表

变量	贫困地区（均值）	非贫困地区（均值）
农民合作社对您生产成本降低的帮助程度	2.54	2.19
农民合作社对村经济发展的带动作用	3.46	2.84
农民合作社对村社区发展的带动作用	3.28	2.89
农民合作社对生态环境的改善作用	2.79	2.64

在扶贫满意度方面如表 5－4 所示，贫困地区满意度明显高于非贫困地区，说明国家对贫困地区重视程度较高相应的，扶持力度较大。本书认为政府对贫困地区的支持力度也会影响农民合作社的发展绩效，目前的影响分为直接影响和间接影响，主要是政府部门直接对贫困地区农民合作社的支持，以及扶贫政策的间接支持，本书试图构建新的扶贫模式，整合相关的资源将间接的支持尽量转化为直接的支持，以提升农民合作社扶贫的绩效，并构建长期稳定的农民合作扶贫的模式，可持续地帮助农民实现脱贫、致富，并有效防止脱贫后的返贫问题。

表 5－4　　扶贫满意度比较

变量	贫困地区（均值）	非贫困地区（均值）
您对政府扶贫工作满意度评价	2.87	2.63
补贴资金到手金额	1858.71 元	1423.26 元
扶贫工作—公平程度评价	3.19	2.65
扶贫工作—信任程度评价	3.19	2.73
扶贫工作—监管程度评价	3.10	2.61
扶贫工作—公开程度评价	3.10	2.66
扶贫工作—资金使用效率评价	3.09	2.70
扶贫工作—目标准确情况评价	3.04	2.73
扶贫工作—村民参与程度评价	3.10	2.59
扶贫工作—提供的就业机会评价	2.85	2.47
扶贫工作—周期回访情况评价	2.97	2.44

5.3 贫困地区与非贫困地区的比较

从表5-5的模型运行结果来看，与Y_1（合作社对您提高收入的帮助程度）正向相关的变量有X_8（农地面积对数）、X_{10}（经常联系的人物中有无担任行政领导职务者或成功知名人士）、X_{12}（当地合作社发展水平）、X_{13}（您知道的当地合作社有几个）、X_{14}（本村村民加入合作社的比例）、X_{16}（合作社是否实施标准化管理）、X_{17}（您是否接受过合作社的培训）、X_{18}（您认为您所在合作的民主程度）、X_{19}（所在合作社公平程度）、X_{21}（您所在合作社信任程度）、X_{27}（您对政府扶贫工作满意度评价）、X_{29}（扶贫工作—公平程度评价）。与Y_1（合作社对您提高收入的帮助程度）负向相关的有X_{11}（土地是否办理确权登记）、X_{24}（您在合作社的职位—普通成员）、X_{37}（扶贫工作—周期回访情况评价）。

表5-5 Y_1农民合作社对您家提高收入的帮助程度的影响因素

自变量	Coef.	Std. Err.	z	P > | z |
D_1是否贫困地区	-0.1090575	0.1165596	-0.94	0.349
X_1年龄对数	-0.0311094	0.1300928	-0.24	0.811
X_2性别	0.1167438	0.0782586	1.49	0.136
X_3文化程度	-0.0356388	0.0295447	-1.21	0.228
X_4家庭劳动人口数量	-0.0086161	0.0313231	-0.28	0.783
X_5家庭收入对数	0.0047427	0.0407107	0.12	0.907
X_6您所在合作社管理层与村委会的重合程度	0.0057985	0.0341685	0.17	0.865
X_7您所在合作社与村委会的关系	0.0044152	0.0412526	0.11	0.915
X_8农地面积对数	0.0956042	0.0449203	2.13	0.033
X_9贷款难易程度	-0.0135757	0.0532909	-0.25	0.799
X_{10}经常联系的人物中有无担任行政领导职务者或成功知名人士	0.1387857	0.0797093	1.74	0.082

续表

自变量	Coef.	Std. Err.	z	P > | z |
X_{11}土地是否办理确权登记	-0.1438291	0.0857052	-1.68	0.093
X_{12}当地合作社发展水平	0.4681036	0.0422285	11.09	0.000
X_{13}您知道的当地合作社有几个	0.0541577	0.0217251	2.49	0.013
X_{14}本村村民加入合作社的比例	0.1243649	0.0333267	3.73	0.000
X_{15}您所在合作社是否有贷款服务	0.0350744	0.0986186	0.36	0.722
X_{16}合作社是否实施标准化管理	0.281922	0.085902	3.28	0.001
X_{17}您是否接受过合作社的培训	0.3350872	0.1840823	1.82	0.069
X_{18}您认为您所在合作的民主程度	0.2410372	0.0549373	4.39	0.000
X_{19}所在合作社公平程度	0.1647683	0.0623351	2.64	0.008
X_{20}所在合作社自由程度	-0.0302404	0.0476163	-0.64	0.525
X_{21}您所在合作社信任程度	0.1145353	0.0480526	2.38	0.017
X_{22}合作社是否要求成员入股	0.1256191	0.102263	1.23	0.219
X_{23}合作社股权集中程度	0.001634	0.0358818	0.05	0.964
X_{24}您在合作社的职位—普通成员	-0.1848095	0.0859668	-2.15	0.032
X_{25}合作社农户数量对数	-0.0097949	0.0374764	-0.26	0.794
X_{26}合作社资产对数	-0.0126668	0.0314272	-0.40	0.687
X_{27}您对政府扶贫工作满意度评价	0.117496	0.0340038	3.46	0.001
X_{28}补贴资金到手金额对数	0.0035823	0.0336824	0.11	0.915
X_{29}扶贫工作—公平程度评价	0.1256642	0.0659323	1.91	0.057
X_{30}扶贫工作—信任程度评价	-0.0299664	0.0716958	-0.42	0.676
X_{31}扶贫工作—监管程度评价	0.0294794	0.0618359	0.48	0.634
X_{32}扶贫工作—公开程度评价	0.0743504	0.0570936	1.30	0.193
X_{33}扶贫工作—资金使用效率评价	-0.0057388	0.0645306	-0.09	0.929
X_{34}扶贫工作—目标准确情况评价	-0.0341773	0.0610838	-0.56	0.576
X_{35}扶贫工作—村民参与程度评价	0.0499814	0.0550369	0.91	0.364
X_{36}扶贫工作—提供的就业机会评价	-0.0334257	0.0518805	-0.64	0.519
X_{37}扶贫工作—周期回访情况评价	-0.1209371	0.0529017	-2.29	0.022
Number of obs = 1086				
LR chi2 (38) = 972.14		Prob > chi2 = 0.0000		
Loglikelihood = -1160.5334		Pseudo R2 = 0.2952		

模型结果显示，变量 D_1（是否贫困地区）在模型中并不显著，也就是说贫困地区的农民合作社对成员的收入提高的作用还不够高，说明农民合作社在贫困地区的扶贫功能还没有充分发挥，这是不难理解的，目前我国的农民合作社与区域经济发展有重要的关系，经济发达的地区农民合作社发展也就相对成熟，欠发达地区农民合作社本身实力较弱、功能也不健全，充分发挥农民合作社的扶贫作用还要政府和社会支持。X_8（农地面积对数）表明，家庭经营土地面积越大的农户认为农民合作社对收入提高的帮助越大，所以适度规模的家庭农场应该逐步成为农民合作的基础。X_{10}说明成员的社会资本越多，农民合作社对收入提高的帮助越大；社会资本是衡量人力资源的重要指标，社会资本高说明人脉广、经济收入来源也就较多，这部分人大多属于农村精英。X_{11}说明办理过土地确权登记的成员对农民合作社收入绩效评价较差，土地确权登记是为了更好的土地流转，促进适度规模经营，对于农民合作社来说具有一定土地规模的成员更有利于合作社发展，可能是现有农民合作社还没有有效促进成员间的土地流转，确权以后没有流转所以成员评价不高。X_{12}、X_{13}用于评价当地农民合作社整体发展的质量和数量，X_{14}用于显示村民加入农民合作社的比例，这三个变量表示了当地农民合作社的整体发展水平，说明农民合作社的整体规模对农民收入有正向的影响，所以一级农民合作社可以根据成员需要设置多种类型的合作，尽可能覆盖更多村民加入，形成农民合作社的规模效应从而提升农民收入。X_{16}说明标准化的生产管理有利于成员收入提高，这也是农民合作社的重要功能，通过提高农民组织化程度实现农业标准化程度的提高，农民合作社可以促进新技术的应用，并通过统一采购技术、农资、服务降低成本。X_{17}说明了成员培训的重要作用，只有对合作社成员培训才能更好地传播合作理念和文化，提高成员的忠诚度和新农业技术应用水平，从而提高收入。回顾发达国家的农民合作社发展历程，这些合作社从早期就开始注重成员的培训，通过合作社学校对成员进行培训除了技术的培训外，更重要的合作理念的宣传和培养，从而奠定农民合作社的长期发展基础，并提供长期的人力资源储备，只有培训成员才能具备管理能力，真正实现民主管理原则，农民合作社的可持续发展还是得依靠自身成员。X_{18}（民主程度）、X_{19}（公平程度）、X_{21}（信任程度）说明农民合作社内部的民主、公平、信任对成员收入提高有着重要作用，公平、民主、信任是农民合作社发展的基础，成员作为有限理性人只有真正感受到合作原则以后才会放心地投入资源、从内心参与合作而不是仅仅响应别人号召。X_{24}中我们调查了被采访者的身份，包括管理层、监事会、核心成员、普通成员、员工的身份类型，都用 0 和 1 变量表示，只有普通成员身份显著，但是普通成员认为农民合作社对其收入提升的作用不好，这说明实践中可能精英俘获问题，核心成员与普通成员得到利润分配是不同的，这与调研中的情况是一致的。大部分农民合作社都是少数经营分子发起和控制的，为了弥补人力资源付出的差距，核心成员收益是相对较高的，有些普通成员只知道自己加入合作社但是除了出售农产品实现价格改进外从不关心合作社的具体运营。X_{27} ~ X_{37}测度成员对现有扶贫工作的满意度，研究为了分析政府扶贫工作与农民合作社发展的影响，将扶贫纳入农民合作社绩效影响因素分析中，这也是外界激励的重要内容，我们的研究目标就是通过外界激励加上农民合作社内生的组织力量从而实现农村内外部资源的整合，最终推进农民扶贫合作社发展，以及农民合作扶贫模式的推广。结果显示，X_{27}（政府扶贫工作满意度评价）、X_{29}（公平程度评价）、X_{37}（周期回访情况）对收入提高评价有一定影响，也就是说，政府扶贫项目中成员对政府扶贫工作整体满意度越高、扶贫工作公平程度越高，农民合作社对成员收入提高作用就越大；周期回访率与农民合作社提高成员收入作用是反向相关，回访频率越高，评价越低，说明过多的检查反馈可能降低扶贫工作的效率和农民合作社工作效率。模型验证了政府扶贫工作对农民合作社发展有间接促进作用，我们的目标是通过资源整合从间接的推动变为直接的推动。

从表 5－6 的模型运行结果来看，与 Y_2（农民合作社对您家农产品价格改进程度）正向相关的变量有：X_2（性别）、X_5（家庭收入对数）、X_8（农地面积对数）、X_{10}（经常联系的人物中有无担任行政领导职务者或成功知名人士）、X_{12}（当地合作社发展水平）、X_{13}（您知道的当地合作社有几个）、X_{15}（您所在合作社是否有贷款服务）、X_{16}（合作社是否实施标准化管理）、X_{18}（您认为您所在合作的民主程度）、X_{19}（所在合作社公平程度）、X_{24}（您在合作社的职位—普通成员）、X_{25}（合作社农户数量对数）、X_{32}（扶贫工作—公开程度评价）。与 Y_2（提高农产品价格的帮助程度）负向相关的有：D_1（是否贫困地区）、X_1（年龄对数）、X_3（文化程度）、X_9（贷款难易程度）、X_{33}（扶贫工作—资金使用效率评价）。

表 5－6　Y_2 农民合作社对您家农产品价格改进程度的影响因素

自变量	Coef.	Std. Err.	z	P > | z |
D_1是否贫困地区	-0.3111519	0.1165162	-2.67	0.008
X_1年龄对数	-0.3225135	0.1292252	-2.50	0.013
X_2性别	0.1359249	0.0783101	1.74	0.083
X_3文化程度	-0.0540728	0.0294321	-1.84	0.066
X_4家庭劳动人口数量	0.0184233	0.0315675	0.58	0.559
X_5家庭收入对数	0.0747719	0.0407197	1.84	0.066
X_6您所在合作社管理层与村委会的重合程度	0.0386438	0.0340812	1.13	0.257
X_7您所在合作社与村委会的关系	0.0373901	0.041354	0.90	0.366
X_8农地面积对数	0.145256	0.045217	3.21	0.001
X_9贷款难易程度	-0.1224862	0.0533533	-2.30	0.022
X_{10}经常联系的人物中有无担任行政领导职务者或成功知名人士	0.1553674	0.0793914	1.96	0.050
X_{11}土地是否办理确权登记	-0.0442516	0.0860792	-0.51	0.607
X_{12}当地合作社发展水平	0.2267981	0.0415552	5.46	0.000
X_{13}您知道的当地合作社有几个	0.0520076	0.0214235	2.43	0.015

续表

自变量	Coef.	Std. Err.	z	P > | z |
X_{14}本村村民加入合作社的比例	0.0476352	0.0329862	1.44	0.149
X_{15}您所在合作社是否有贷款服务	0.2512094	0.0989568	2.54	0.011
X_{16}合作社是否实施标准化管理	0.2104448	0.0852422	2.47	0.014
X_{17}您是否接受过合作社的培训	0.2577434	0.1929281	1.34	0.182
X_{18}您认为您所在合作的民主程度	0.2266254	0.0541435	4.19	0.000
X_{19}所在合作社公平程度	0.2094786	0.061382	3.41	0.001
X_{20}所在合作社自由程度	-0.029739	0.0467581	-0.64	0.525
X_{21}您所在合作社信任程度	0.0153051	0.0475941	0.32	0.748
X_{22}合作社是否要求成员入股	-0.0439862	0.1015246	-0.43	0.665
X_{23}合作社股权集中程度	-0.0202012	0.0358114	-0.56	0.573
X_{24}您在合作社的职位—普通成员	0.269138	0.0862654	3.12	0.002
X_{25}合作社农户数量对数	0.0731065	0.0377992	1.93	0.053
X_{26}合作社资产对数	-0.0088459	0.0314012	-0.28	0.778
X_{27}您对政府扶贫工作满意度评价	0.0105496	0.0337806	0.31	0.755
X_{28}补贴资金到手金额对数	0.0023637	0.0336542	0.07	0.944
X_{29}扶贫工作—公平程度评价	0.0073834	0.0707876	0.10	0.917
X_{30}扶贫工作—信任程度评价	-0.0097514	0.0724956	-0.13	0.893
X_{31}扶贫工作—监管程度评价	-0.0188582	0.0611867	-0.31	0.758
X_{32}扶贫工作—公开程度评价	0.2308234	0.0566454	4.07	0.000
X_{33}扶贫工作—资金使用效率评价	-0.1066959	0.0638618	-1.67	0.095
X_{34}扶贫工作—目标准确情况评价	-0.0222876	0.0605948	-0.37	0.713
X_{35}扶贫工作—村民参与程度评价	-0.0213988	0.0548359	-0.39	0.696
X_{36}扶贫工作—提供的就业机会评价	0.0756094	0.0519502	1.46	0.146
X_{37}扶贫工作—周期回访情况评价	-0.0537247	0.0529613	-1.01	0.310
Number of obs = 1086				
LR chi2 (38) = 678.25		Prob > chi2 = 0.0000		
Loglikelihood = -1309.8769		Pseudo R2 = 0.2057		

在对 Y_2 提高农产品价格的作用影响因素中，可以看出变量 D_1 是否贫困地区显著水平较高，但是呈负向相关，这说明贫困地区农民合

作社的价格改进功能比较差，相比非贫困地区的农民合作社经营能力还有一定的差距，这也和现有农民合作社发展现状一致，贫困地区农民合作本身数量少、规模小，在与外界厂家和经销商谈判中还是处于劣势地位，所以价格改进功能差、收入提高能力也就不显著，这与表5-5的模型运行结果是一致的。X_1（年龄）表示年龄越大的成员认为农民合作社的价格改进能力越差，X_2（性别）说明男性成员比女性成员评价要好一点。X_3（文化程度）变量说明文化程度和价格改进功能是负向相关，学历越高的成员认为农民合作社价格改进功能越差。X_5（家庭收入）说明家庭收入越高的成员认为农民合作社的价格改进功能越好，X_8说明土地面积与价格改进功能评价是一致的正向相关，土地面积越大的成员认为农民合作社的价格改进功能越好。X_9（贷款难易程度）与价格改进功能负向相关，也就是说，越是容易获得贷款的成员认为价格改进功能越差。X_{10}变量说明社会资本较好的成员认为农民合作社的价格改进功能比较好。X_{12}（当地合作社发展水平）、X_{13}（您知道的当地合作社有几个），说明当地合作社发展整体水平较好的更能体现价格改进的能力，再次证明农民合作社的规模经济。X_{15}（您所在合作社是否有贷款服务），说明提供贷款服务的农民合作社具有更好的价格改进功能，供销、生产、金融服务是农民合作社三大功能，内部融资贷款服务能有效地实现价格的改进业务。X_{16}说明农民合作社实施标准化管理更有利于推进其价格改进功能。X_{18}（民主程度）、X_{19}（公平程度）依然再次证明合作社原则的重要性，公平民主有利于农民合作社价格改进功能的实现。X_{24}（您在合作社的职位—普通成员）、X_{25}（合作社农户数量），这两个变量说明，普通成员认为农民合作社的价格改进功能还是比较好的，而且成员数量越多这个功能越强大，说明农民合作社的规模效益较好。X_{32}（公开程度评价）、X_{33}（资金使用效率评价）这两个变量是对现有政府扶贫工作的评价，说明政府扶贫工作的公平性和资金使用效率可以影响农民合作社的价格改进功能，公平程度越高价格改进功能越好，但资金使用效率与价格改进功能评价是负向相关的，也就是说，政府扶贫工作中资金使用效率越高，成员对农民合作社价格改进功能评价越低，政府扶贫与农民合作社价格改进有一定替代关系，所以再次证明农民合作社扶贫绩效与政府扶贫工作的密切关系。

从表 5 - 7 中可以看出，与 Y_3（农民合作社对您家生产成本降低的帮助程度）正向相关的变量有：D_1（是否贫困地区）、X_7（您所在合作社与村委会的关系）、X_8（农地面积对数）、X_{12}（当地合作社发展水平）、X_{13}（您知道的当地合作社有几个）、X_{16}（合作社是否实施标准化管理）、X_{18}（您认为您所在合作的民主程度）、X_{19}（所在合作社公平程度）、X_{21}（您所在合作社信任程度）、X_{31}（扶贫工作—监管程度评价）、X_{36}（扶贫工作—提供的就业机会评价）。与 Y_3（农民合作社对您家生产成本降低的帮助程度）负向相关的变量有：X_1（年龄对数）、X_{37}（扶贫工作—周期回访情况评价）。

表 5 - 7 Y_3 农民合作社对您家生产成本降低的帮助程度影响因素

自变量	Coef.	Std. Err.	z	P > | z |
D_1 是否贫困地区	0.2287201	0.1182435	1.93	0.053
X_1 年龄对数	-0.3232554	0.1347302	-2.40	0.016
X_2 性别	0.129881	0.0800747	1.62	0.105
X_3 文化程度	0.0347958	0.0300124	1.16	0.246
X_4 家庭劳动人口数量	0.0080088	0.0320756	0.25	0.803
X_5 家庭收入对数	0.0529037	0.041414	1.28	0.201
X_6 您所在合作社管理层与村委会的重合程度	0.0178139	0.0348156	0.51	0.609
X_7 您所在合作社与村委会的关系	0.0932245	0.0422492	2.21	0.027
X_8 农地面积对数	0.1167631	0.0463425	2.52	0.012
X_9 贷款难易程度	0.0152282	0.0536916	0.28	0.777
X_{10} 经常联系的人物中有无担任行政领导职务者或成功知名人士	0.0540556	0.0813735	0.66	0.507
X_{11} 土地是否办理确权登记	-0.0598884	0.0878031	-0.68	0.495

续表

自变量	Coef.	Std. Err.	z	P > | z |
X_{12}当地合作社发展水平	0. 2841892	0. 0425945	6. 67	0. 000
X_{13}您知道的当地合作社有几个	0. 0426782	0. 0215428	1. 98	0. 048
X_{14}本村村民加入合作社的比例	0. 1090817	0. 0333608	3. 27	0. 001
X_{15}您所在合作社是否有贷款服务	0. 137411	0. 1007437	1. 36	0. 173
X_{16}合作社是否实施标准化管理	0. 3822335	0. 0882303	4. 33	0. 000
X_{17}您是否接受过合作社的培训	0. 1848663	0. 1912666	0. 97	0. 334
X_{18}您认为您所在合作的民主程度	0. 1758255	0. 0558188	3. 15	0. 002
X_{19}所在合作社公平程度	0. 1212647	0. 0634836	1. 91	0. 056
X_{20}所在合作社自由程度	0. 0598932	0. 048788	1. 23	0. 220
X_{21}您所在合作社信任程度	0. 1081484	0. 0486471	2. 22	0. 026
X_{22}合作社是否要求成员入股	0. 0788382	0. 1044107	0. 76	0. 450
X_{23}合作社股权集中程度	-0. 0204636	0. 0362699	-0. 56	0. 573
X_{24}您在合作社的职位—普通成员	0. 0245815	0. 0872287	0. 28	0. 778
X_{25}合作社农户数量对数	0. 0434714	0. 0385339	1. 13	0. 259
X_{26}合作社资产对数	0. 0017449	0. 0323442	0. 05	0. 957
X_{27}您对政府扶贫工作满意度评价	0. 0432172	0. 0340725	1. 27	0. 205
X_{28}补贴资金到手金额对数	-0. 0219695	0. 0348858	-0. 63	0. 529
X_{29}扶贫工作—公平程度评价	-0. 0156605	0. 074736	-0. 21	0. 834
X_{30}扶贫工作—信任程度评价	0. 0430055	0. 0747406	0. 58	0. 565
X_{31}扶贫工作—监管程度评价	0. 1354479	0. 0632639	2. 14	0. 032
X_{32}扶贫工作—公开程度评价	0. 0479601	0. 0586648	0. 82	0. 414
X_{33}扶贫工作—资金使用效率评价	0. 0946052	0. 0664646	1. 42	0. 155
X_{34}扶贫工作—目标准确情况评价	-0. 0968877	0. 0625456	-1. 55	0. 121
X_{35}扶贫工作—村民参与程度评价	0. 0018511	0. 0555409	0. 03	0. 973
X_{36}扶贫工作—提供的就业机会评价	0. 0935988	0. 0533029	1. 76	0. 079
X_{37}扶贫工作—周期回访情况评价	-0. 1621695	0. 0541286	-3. 00	0. 003
Number of obs = 1086				
LR chi2 (38) = 752. 12		Prob > chi2 = 0. 0000		
Loglikelihood = -1212. 0363		Pseudo R2 = 0. 2368		

从表5－7的运行结果中看出，虽然在收入提升和价格改进中 D_1 变量没有发挥作用，但是在生产成本降低方面，贫困地区的农民合作社的作用还是较为突出的，显著程度较高，也就是说，贫困地区农民合作社能有效降低成员的生产成本，这在一定程度上说明欠发达地区农民合作社发展程度还是较低，在收入提升、价格改进方面作用不大，只能通过购销和统一生产降低成员的生产成本，生产竞争优势已经初步具备但是市场竞争优势还有待于进一步提高。X_1（年龄对数）说明年龄较大的成员认为农民合作社的成本降低功能不好。X_7 说明农民合作社与村委会的关系越好越有利于农民合作社发挥降低成本的功能，村委会可能为农民合作社提供一些帮助，推进农民合作社发展。农民合作社与村委会的关系说明，二者关系越好农民合作社生产成本降低作用越好，村委与农民合作社的关系可以说是相互影响的，二者职能也有一定的重复性，都有村经济发展的功能。如果二者关系好可以实现协调发展，用村里公共资源推进农民合作社发展；如果二者关系不好就成了相互制约相互竞争的关系。X_8（农地面积）再次说明面积越大的成员认为农民合作社降低成本的功能越好。X_{12}（当地合作社发展水平）、X_{13}（您知道的当地合作社有几个）、X_{14}（本村村民加入合作社的比例），这三个变量再次说明农民合作社整体规模越大规模经济效应越强。X_{16} 说明合作社实施标准化管理有利于推进成员生产成本的降低。X_{18}（您认为您所在农民合作社的民主程度）、X_{19}（所在农民合作社的公平程度）、X_{21}（您所在农民合作社的信任程度）这三个变量再次证明合作社原则的重要作用。在政府扶贫工作中 X_{31}、X_{36} 说明监管程度越好、扶贫工作提供的就业机会越多，对成员生产本降低的推进作用越大。X_{37} 周期回访情况越多越不利于农民合作社降低成本。

从模型运行结果表5－8可以看出，与 Y_4（合作社对村经济发展的带动作用）正向相关的变量有：D_1（是否贫困地区）、X_6（您所在合作社管理层与村委会的重合程度）、X_7（您所在合作社与村委会的关系)、X_{13}（您知道的当地合作社有几个)、X_{14}（本村村民加入合作社的比例)、X_{15}（您所在合作社是否有贷款服务)、X_{16}（合作社是否实施标准化管理)、X_{18}（您认为您所在合作的民主程度)、X_{20}（所在合作社自由程度)、X_{22}（合作社是否要求成员入股)、X_{23}（合作社股权集中程度)、X_{25}（合作社农户数量对数)、X_{26}（合作社资产对数)、X_{30}（扶贫工作—信任程度评价)。与 Y_4（合作社对村经济发展的带动作用）负向相关的变量有：X_{19}（所在合作社公平程度)、X_{28}（补贴资金到手金额对数)、X_{29}（扶贫工作—公平程度评价)。

表 5-8　Y_4农民合作社对村经济发展的带动作用影响因素

自变量	Coef.	Std. Err.	z	P > | z |
D_1是否贫困地区	0.2568261	0.1130916	2.27	0.023
X_1年龄对数	-0.0611508	0.1212847	-0.50	0.614
X_2性别	-0.0046242	0.0735116	-0.06	0.950
X_3文化程度	-0.0403319	0.0273806	-1.47	0.141
X_4家庭劳动人口数量	-0.0109443	0.0290776	-0.38	0.707
X_5家庭收入对数	-0.0060133	0.0389553	-0.15	0.877
X_6您所在合作社管理层与村委会的重合程度	0.0672764	0.0317101	2.12	0.034
X_7您所在合作社与村委会的关系	0.2619811	0.0387522	6.76	0.000
X_8农地面积对数	0.0494887	0.0416893	1.19	0.235
X_9贷款难易程度	0.0112757	0.04912	0.23	0.818
X_{10}经常联系的人物中有无担任行政领导职务者或成功知名人士	0.0479905	0.074301	0.65	0.518
X_{11}土地是否办理确权登记	0.0166761	0.0819109	0.20	0.839
X_{12}当地合作社发展水平	0.0360454	0.0393917	0.92	0.360
X_{13}您知道的当地合作社有几个	0.0354845	0.0212175	1.67	0.094
X_{14}本村村民加入合作社的比例	0.0644816	0.0328027	1.97	0.049
X_{15}您所在合作社是否有贷款服务	0.2649536	0.0974668	2.72	0.007
X_{16}合作社是否实施标准化管理	0.213981	0.0828706	2.58	0.010

续表

自变量	Coef.	Std. Err.	z	P>|z|
X_{17}您是否接受过合作社的培训	-0.1688245	0.1637664	-1.03	0.303
X_{18}您认为您所在合作的民主程度	0.2624979	0.0532835	4.93	0.000
X_{19}所在合作社公平程度	-0.1220952	0.0595885	-2.05	0.040
X_{20}所在合作社自由程度	0.07572	0.0445167	1.70	0.089
X_{21}您所在合作社信任程度	0.0119484	0.0459167	0.26	0.795
X_{22}合作社是否要求成员入股	0.3379815	0.0967881	3.49	0.000
X_{23}合作社股权集中程度	0.029273	0.0348432	0.84	0.401
X_{24}您在合作社的职位—普通成员	-0.0602599	0.0832301	-0.72	0.469
X_{25}合作社农户数量对数	0.1096019	0.0356752	3.07	0.002
X_{26}合作社资产对数	0.0628411	0.0300602	2.09	0.037
X_{27}您对政府扶贫工作满意度评价	0.0119109	0.0320962	0.37	0.711
X_{28}补贴资金到手金额对数	-0.0656997	0.0309939	-2.12	0.034
X_{29}扶贫工作—公平程度评价	-0.1185922	0.0604624	-1.96	0.050
X_{30}扶贫工作—信任程度评价	0.2167425	0.0660721	3.28	0.001
X_{31}扶贫工作—监管程度评价	-0.0760637	0.0582634	-1.31	0.192
X_{32}扶贫工作—公开程度评价	0.0749133	0.0533094	1.41	0.160
X_{33}扶贫工作—资金使用效率评价	0.0456194	0.0603151	0.76	0.449
X_{34}扶贫工作—目标准确情况评价	0.0215972	0.057471	0.38	0.707
X_{35}扶贫工作—村民参与程度评价	0.012205	0.0509071	0.24	0.811
X_{36}扶贫工作—提供的就业机会评价	0.0618484	0.0487265	1.27	0.204
X_{37}扶贫工作—周期回访情况评价	-0.0573359	0.0503814	-1.14	0.255
Number of obs = 1086				
LR chi2 (38) = 461.56		Prob > chi2 = 0.0000		
Loglikelihood = -1376.6564		Pseudo R2 = 0.1436		

农民合作社的扶贫功能体现的不仅仅是对农民的帮助也会带动社区经济发展，关注社区也是合作原则的七条原则之一，因此本书构建三个因变量测度农民合作社发展程度对农村发展的带动作用。D_1（是否贫困地区）是显著的，也就是说，在对村经济发展的带动作用方面，贫困地区农民合作社比非贫困地区的农民合作社作用更大。

X_6（合作社管理层与村委会的重合程度）的显著程度高，说明如果村主任若兼任农民合作社的社长将会对农民合作社带动农村经济发展有重要的促进作用，社长村主任由同一人兼职也是很多村级农民合作社中的实际情况，这样的农民合作社实际兼任村委发展经济的功能，村主任一般具有较高是社会权威性，而且和上级领导部门的关系比较好，社会资本比较高，对合作社的发展是不好或缺人力资源；村主任可以充分利用村集体经济资源如办公室、集体土地、地区品牌等推进农民合作社发展，而村民对村主任信任程度比较高，参与、投资农民合作社经济性也是比较高的，在我们的调研中，兰考县农民合作社就是典型的案例，村主任和社长由同一人兼任，有效整合农内外部资源带动村民向绿色农业、订单农业发展，村民对村主任比较信任也愿意将自己的土地按照合作社的统一部署进行生产，逐渐全村土地实现绿色、循环、综合农业发展，并开展农产品加工、农业旅游等项目，有效带动农民整体收入提高，实现了脱贫。但是实践中也存在村主任担任社长过程中，少数人控制或者精英俘获的问题，所以如何建立合适机制去鼓励村主任担任社长推进农民合作社发展的同时，对社长进行有效的制约是我们需要解决的问题。X_7的显著程度非常高，再次说明农民合作社与村委会的密切关系对农村经济发展的重要影响，因此在实践中我们要进行二者的协调发展，可以通过兼职的方式让村委更加理解和支持农民合作社发展。X_{13}（您知道的当地合作社有几个）、X_{14}（本村村民加入合作社的比例），这两个变量说明当地农民合作社发展的规模和数量与农村经济的正向相关关系，再一次证明了农民合作社的扶贫效益和正外部性。X_{15}（您所在合作社是否有贷款服务）、X_{16}（合作社是否实施标准化管理）这两个变量说明，具有贷款服务的农民合作社、标准化管理的农民合作社更有利于农民合作社推动农村经济发展。X_{18}、X_{20}所在农民合作社自由程度、民主程度越高，农民合作社对农村经济的带动作用越大，再次证明农民合作社原则对绩效的影响。但是X_{19}（所在合作社公平程度）与农民合作社带动农村经济的作用是负向相关。X_{22}（是否要求成员入股）说明农民合作社股权结构对绩效有一定的影响，这个变量是正向相关的，也就是说入股的成员认为农民合作社对村经济发展带动作用更好，成员的经济参与是农民合作社的原则，经济参与是成员加入合作的必要条件，没有入股的成员只能说是名义成员，没有经济参与成员不会真正关注农民合作社发展。X_{25}、X_{26}说明人数越多、资产越多的农民合作社对农村经济带动作用越大，这也反映了农民合作社扶贫效益正外部性，带动成员发展的同时也让非成员可以“搭便车”，如价格、产品质量、市场地位等。X_{28}（补贴资金到手金额对数）、X_{29}（扶贫工作—公平程度评价）与农民合作社带动农村经济发展的作用负向相关，也就是说，对个人的扶贫补贴资金越多，农民合作社带动农村经济发展的作用越小，所以研究建议减少对个人的直接补贴，提高对农民合作社扶贫的间接补贴。扶贫工作公平程度越高，农民合作社对农村经济发展的带动作用越少，说明政府扶贫工作对农民合作社的工作有一定的替代性。X_{30}（扶贫工作—信任程度评价）说明政府扶贫工作的被信任程度影响了农民合作社对农村经济带动作用，信任是减少内部交易成本的有效工具，因此，我们可以提高扶贫工作中当地村民的参与的，让村民更好地参与、管理扶贫项目进而促进农民合作社的扶贫功能。

从表 5 -9 的结果可以看出，与 Y_5（农民合作社对村社区发展的带动作用）正向相关的变量有：D_1（是否贫困地区）、X_6（合作社管理层与村委会的重合程度）、X_7（合作社与村委会的关系）、X_{12}（当地合作社发展水平）、X_{16}（合作社是否实施标准化管理）、X_{18}（您认为您所在合作的民主程度）、X_{25}（合作社农户数量对数）、X_{32}（扶贫工作—公开程度评价）、X_{36}（扶贫工作—提供的就业机会评价）。与 Y_5（农民合作社对村社区发展的带动作用）负向相关的变量有：X_{14}（本村村民加入合作社的比例）、X_{17}（您是否接受过合作社的培训）、X_{35}（扶贫工作—村民参与程度评价）、X_{37}（扶贫工作—周期回访情况评价）。

表 5－9　农民合作社对村社区发展的带动作用的影响因素

自变量	Coef.	Std. Err.	z	P > | z |
D_1是否贫困地区	0.2093473	0.110942	1.89	0.059
X_1年龄对数	0.111591	0.1198486	0.93	0.352
X_2性别	-0.0923565	0.0725397	-1.27	0.203
X_3文化程度	0.0059131	0.0269659	0.22	0.826
X_4家庭劳动人口数量	0.0059299	0.0287635	0.21	0.837
X_5家庭收入对数	0.0156414	0.0385556	0.41	0.685
X_6您所在合作社管理层与村委会的重合程度	0.0815703	0.0313241	2.60	0.009
X_7您所在合作社与村委会的关系	0.0993482	0.0379721	2.62	0.009
X_8农地面积对数	0.0075056	0.0412142	0.18	0.855
X_9贷款难易程度	-0.0337715	0.0485029	-0.70	0.486
X_{10}经常联系的人物中有无担任行政领导职务者或成功知名人士	0.1171759	0.0735994	1.59	0.111
X_{11}土地是否办理确权登记	-0.0387382	0.0809712	-0.48	0.632
X_{12}当地合作社发展水平	0.0687359	0.0388924	1.77	0.077
X_{13}您知道的当地合作社有几个	0.0286886	0.0209027	1.37	0.170
X_{14}本村村民加入合作社的比例	-0.0983682	0.0322803	-3.05	0.002
X_{15}您所在合作社是否有贷款服务	0.0631485	0.0958471	0.66	0.510
X_{16}合作社是否实施标准化管理	0.1984636	0.0819318	2.42	0.015
X_{17}您是否接受过合作社的培训	-0.4350023	0.1619731	-2.69	0.007
X_{18}您认为您所在合作的民主程度	0.2137356	0.0526732	4.06	0.000
X_{19}所在合作社公平程度	-0.0141309	0.0588814	-0.24	0.810
X_{20}所在合作社自由程度	0.0485908	0.0440189	1.10	0.270
X_{21}您所在合作社信任程度	-0.0241076	0.0453779	-0.53	0.595
X_{22}合作社是否要求成员入股	0.1404555	0.0950086	1.48	0.139
X_{23}合作社股权集中程度	-0.0077031	0.0342306	-0.23	0.822
X_{24}您在合作社的职位—普通成员	0.0998537	0.0822187	1.21	0.225
X_{25}合作社农户数量对数	0.1236946	0.0351896	3.52	0.000

续表

自变量	Coef.	Std. Err.	z	P > | z |
X_{26}合作社资产对数	0.0105439	0.0297431	0.35	0.723
X_{27}您对政府扶贫工作满意度评价	0.0288375	0.0314978	0.92	0.360
X_{28}补贴资金到手金额对数	0.0472689	0.0306325	1.54	0.123
X_{29}扶贫工作—公平程度评价	-0.0136073	0.0595703	-0.23	0.819
X_{30}扶贫工作—信任程度评价	-0.0739923	0.0650277	-1.14	0.255
X_{31}扶贫工作—监管程度评价	0.0649859	0.0576407	1.13	0.260
X_{32}扶贫工作—公开程度评价	0.1311096	0.0528869	2.48	0.013
X_{33}扶贫工作—资金使用效率评价	0.007781	0.0597121	0.13	0.896
X_{34}扶贫工作—目标准确情况评价	0.0828826	0.0567354	1.46	0.144
X_{35}扶贫工作—村民参与程度评价	-0.0931027	0.0503804	-1.85	0.065
X_{36}扶贫工作—提供的就业机会评价	0.1123351	0.04811	2.33	0.020
X_{37}扶贫工作—周期回访情况评价	-0.1207805	0.0496549	-2.43	0.015
Number of obs = 1086				
LR chi2 (38) = 278.18		Prob > chi2 = 0.0000		
Loglikelihood = -1482.7144		Pseudo R2 = 0.0858		

模型运行结果显示，D_1（是否贫困地区）显著程度较高，这说明欠发达地区农民合作社对社区发展的带动作用较好，这里的社区发展指社区基础设施、精神文明的建设，区别农民合作社的价格、收入的经济功能，贫困不仅仅是经济贫困还有多种类型，如精神贫困、心里贫困、交易贫困等，这里 D_1反映了农民合作社的关注社区原则。X_6（合作社管理层与村委会的重合程度）、X_7（合作社与村委会的关系），这两个变量显著程度较高，说明村主任兼职社长有利于提升合作社绩效特别是在农村社区发展方面，村主任担任社长可以通盘考虑农村的经济发展、社区发展提高资源整合程度和利用效率。合作社与村委会关系越好越能够提高农民合作社对农村社区发展的带动作用，因此我们可以鼓励村委和农民合作社的交叉任职，实现二者资源整合，全面提升农民合作社绩效。X_{12}（当地合作社发展水平）依然显著，发展水平越高对农村社区发展的带动作用越大。X_{16}再次说明农

民合作社实施标准化管理重要性，可以推动农村社区发展。X_{17}说明接受过培训的成员对农民合作社社区发展带动作用认可程度不高，这可能是因为培训过的成员对农民合作社的了解更多，期望值也就越高，而现有的农民合作社发展程度较低还不能满足成员的所有需求。X_{18}（民主程度）依然显著，再次证明农民合作社绩效与民主程度关系密切，农民合作社民主机制建设关系农民合作社发展的成败。X_{25}（合作社农户数量）再次证明成员是农民合作社发展的基础，成员数量越多农民合作社绩效越好。X_{32}（扶贫工作—公开程度评价）、X_{36}（扶贫工作—提供的就业机会评价）与农民合作社的社区带动作用正向相关，X_{35}（扶贫工作—村民参与程度评价）、X_{37}（扶贫工作—周期回访情况评价）与Y_5负向相关。这几个变量从不同角度测度政府扶贫工作，也就是说，政府扶贫工作中公开程度越好、提供的就业机会越多，村民对农民合作社的社区带动作用评价越好，再次证明政府扶贫工作与农民合作社发展的协调关系。但是村民参与度越高、政府周期回访频率越高，反而不利于农民合作社带动农村社区发展，这可能是由于村民在社区发展中的意愿差异度较大，回访频率太高也会影响农民合作社的正常运作。

从表5-10的结果可以看出，与Y_6（农民合作社对村生态环境的改善作用）正向相关的变量有：X_3（文化程度）、X_6（您所在合作社管理层与村委会的重合程度）、X_{16}（合作社是否实施标准化管理）、X_{18}（您认为您所在合作的民主程度）、X_{23}（合作社股权集中程度）、X_{25}（合作社农户数量对数）、X_{30}（扶贫工作—信任程度评价）、X_{32}（扶贫工作—公开程度评价）。与Y_6（农民合作社对村生态环境的改善作用）负向相关的变量有：X_4（家庭劳动人口数量）、X_{17}（您是否接受过合作社的培训）、X_{24}（您在合作社的职位—普通成员）、X_{27}（您对政府扶贫工作满意度评价）、X_{28}（补贴资金到手金额对数）、X_{29}（扶贫工作—公平程度评价）。

表 5-10　Y_6农民合作社对村生态环境的改善作用的影响因素

自变量	Coef.	Std. Err.	z	P>|z|
D_1是否贫困地区	0.0073561	0.1118941	0.07	0.948
X_1年龄对数	0.126685	0.1215558	1.04	0.297
X_2性别	0.0046015	0.073533	0.06	0.950
X_3文化程度	0.0451111	0.0271724	1.66	0.097
X_4家庭劳动人口数量	-0.051049	0.0290685	-1.76	0.079
X_5家庭收入对数	-0.0296459	0.0389587	-0.76	0.447
X_6您所在合作社管理层与村委会的重合程度	0.1976511	0.0320003	6.18	0.000
X_7您所在合作社与村委会的关系	0.0154543	0.0384087	0.40	0.687
X_8农地面积对数	0.0659622	0.0416006	1.59	0.113
X_9贷款难易程度	0.0031675	0.0489544	0.06	0.948
X_{10}经常联系的人物中有无担任行政领导职务者或成功知名人士	0.106762	0.0741686	1.44	0.150
X_{11}土地是否办理确权登记	-0.0221457	0.0818789	-0.27	0.787
X_{12}当地合作社发展水平	0.0633678	0.0393925	1.61	0.108
X_{13}您知道的当地合作社有几个	-0.0157481	0.021006	-0.75	0.453
X_{14}本村村民加入合作社的比例	-0.0341993	0.0325546	-1.05	0.293
X_{15}您所在合作社是否有贷款服务	-0.0229335	0.0967245	-0.24	0.813
X_{16}合作社是否实施标准化管理	0.1618594	0.082947	1.95	0.051
X_{17}您是否接受过合作社的培训	-0.6609424	0.1638973	-4.03	0.000
X_{18}您认为您所在合作的民主程度	0.2835847	0.0536013	5.29	0.000
X_{19}所在合作社公平程度	0.039552	0.059487	0.66	0.506
X_{20}所在合作社自由程度	-0.001071	0.0451343	-0.02	0.981
X_{21}您所在合作社信任程度	-0.0313035	0.046311	-0.68	0.499
X_{22}合作社是否要求成员入股	0.072563	0.0960292	0.76	0.450
X_{23}合作社股权集中程度	0.1095206	0.0345424	3.17	0.002
X_{24}您在合作社的职位—普通成员	-0.2086265	0.0833953	-2.50	0.012
X_{25}合作社农户数量对数	0.0768284	0.0355169	2.16	0.031
X_{26}合作社资产对数	-0.0170662	0.0301876	-0.57	0.572
X_{27}您对政府扶贫工作满意度评价	-0.1324518	0.0319991	-4.14	0.000

续表

自变量	Coef.	Std. Err.	z	P > | z |
X_{28}补贴资金到手金额对数	-0.0713353	0.030953	-2.30	0.021
X_{29}扶贫工作—公平程度评价	-0.2612491	0.071937	-3.63	0.000
X_{30}扶贫工作—信任程度评价	0.1801716	0.0695039	2.59	0.010
X_{31}扶贫工作—监管程度评价	-0.0306333	0.0585846	-0.52	0.601
X_{32}扶贫工作—公开程度评价	0.1647516	0.0535613	3.08	0.002
X_{33}扶贫工作—资金使用效率评价	0.058075	0.060382	0.96	0.336
X_{34}扶贫工作—目标准确情况评价	0.0310399	0.0573566	0.54	0.588
X_{35}扶贫工作—村民参与程度评价	0.0181211	0.0507859	0.36	0.721
X_{36}扶贫工作—提供的就业机会评价	0.0567446	0.0481572	1.18	0.239
X_{37}扶贫工作—周期回访情况评价	-0.0108297	0.0500053	-0.22	0.829

Number of obs = 1086

LR chi2 (38) = 285.47	Prob > chi2 = 0.0000
Loglikelihood = -1410.3664	Pseudo R2 = 0.0919

模型结果显示，D_1（是否贫困地区）不显著，说明贫困与非贫困地区农民合作社对环境改善作用没有太大区别。X_3说明文化程度越高的成员认为农民合作社改善环境的作用越大。X_4说明家庭劳动人口数量越多的成员认为农民合作社改善环境的作用越大。X_6说明农民合作社管理层与村委会的重合程度越高，及村主任与社长的重合度越高越有利于提高农民合作社改善生态环境的绩效，村主任逐渐认识到环境的重要性，从生态保护的视角我们需要鼓励村委与农民合作社融合发展的模式。X_{16}进一步说明合作社实施标准化管理有利于农民合作社改善当地的生态环境，标准化农业生产可以降低农药、化肥的使用量，对生态环境保护是有促进作用的。X_{17}说明受过合作社的培训的成员对农民合作社改善环境的作用是不满意的。X_{18}（民主程度）依然对绩效有重要的影响，农民合作最重要的是体现成员意志，民主管理是农民合作社的核心问题，民主程度越高的成员认为农民合作社改善环境的功能越好。X_{23}（合作社股权集中程度）这个变量反映农民合作社股权结构，股权越集中，那么农民合作社在生态环境方

面绩效就相对越好，而股权集中度越高改善生态环境的作用越好，说明集中的股权和分散股权的农民合作社关注点不同，大部分成员依然只关心经济效益，忽视社会、环境效益，而农村精英则开始关注农村生态环境发展。X_{24}说明普通成员对农民合作社改善环境的作用评价不高。X_{25}合作社农户数量反映了农民合作社的规模，成员数量越高农民合作社改善生态环境的作用越大。X_{27}说明对政府扶贫工作满意度评价越高，成员对农民合作社改善环境作用评价越低，说明政府逐渐意识到环境贫困和恶化对贫困的影响，逐渐开始改善农村生态环境，削弱农民合作社在环境改善方面的作用。X_{28}（补贴资金到手金额）与 Y_6负向相关，也就是说，贫困成员获得的扶贫的补贴越多，对农民合作社改善生态环境作用评价也就越低，环境贫困是贫困的一种，目前大部分农户对生态保护概念的理解还相对较低。X_{29}说明扶贫工作中公平程度评价越高，成员对农民合作社改善环境作用评价越低。X_{30}、X_{32}说明扶贫工作中信任程度评价越高、扶贫工作的公开程度评价越高，农民合作社提高改善生态环境的绩效评价越好。

5.4　贫困成员与非贫困成员比较

为了进一步比较贫困成员与非贫困成员的差异，本书将全样本分为两个组。年人均收入在 3000 元以下的划分为贫困成员，3000 元以上是非贫困成员，通过数据的对比来验证农民合作社的扶贫效果（中新网 2015 年 12 月 15 日电，国务院扶贫开发领导小组办公室主任刘永富表示“世行在最近公布了最低贫困标准，从 1.25 美元提高到 1.9 美元，中国 2015 年是 2800 元，2010 年的不变价 2300 元，2016 年是 3000 元左右）。”从表 5 - 11 ~ 表 5 - 16 中可以看出，D_2（是否是贫困人口）对 Y_1（农民合作社对您家提高收入的帮助程度）、Y_5（农民合作社对村社区发展的带动作用），也就是说，对于贫困人口与非贫困人口在这两个方面农民合作社功能差异不大。D_2（是否是贫困人口）与 Y_2（农民合作社对您家农产品价格改进程度）、Y_3（农民合作社对您家生产成本降低的帮助程度）是负向相关的，也就是说，贫困人口认为农民合作社对自己在价格改进和生产成本降低方面起到了相反作用，这可能是因为农民合作社要求成员改进农业生产方式时，提高了贫困成员的生产成本，而且价格改进也没有达到贫困成员的预期。但是 D_2（是否是贫困人口）与 Y_4（农民合作社对村经济发展的带动作用）、Y_6（农民合作社对生态环境的改善作用）是正向相关的，也就是说，贫困成员认为农民合作社对农民经济发展起到了积极作用，并改善了当地农村的生态环境。引入 D_2以后在其他变量对 Y 的显著性没有发生很大变化，土地面积、成员社会资本、农民合作社发展的整体水平、农民合作社公平民主、农民合作社的培训、标准化功能、政府扶贫工作的公平、信任、周期回访等变量依然对 $Y_1 \sim Y_6$有着不同的影响。模型的运行结果再一次证明了农民合作社扶贫绩效的影响因素的多元性，以及政府部门对农民合作社扶贫工作的重要影响，此外，村主任和社长、村委会和农民合作社管理层的关系依然对农民合作社扶贫绩效有着重要的作用。

表 5-11　　加入 D_2后 Y_1的影响因素

自变量	Coef.	Std. Err.	z	P > | z |
D_2是否是贫困人口	-0.0871339	0.0906494	-0.96	0.336
X_1年龄对数	-0.064919	0.1270863	-0.51	0.609
X_2性别	0.1011893	0.0777337	1.30	0.193
X_3文化程度	-0.0320208	0.0294884	-1.09	0.278
X_4家庭劳动人口数量	-0.0102244	0.0313426	-0.33	0.744
X_5家庭收入对数	-0.0012846	0.042019	-0.03	0.976
X_6您所在合作社管理层与村委会的重合程度	0.0132943	0.0334093	0.40	0.691
X_7您所在合作社与村委会的关系	-0.0035767	0.0409176	-0.09	0.930

续表

自变量	Coef.	Std. Err.	z	P > | z |
X_8农地面积对数	0.0843561	0.0448314	1.88	0.060
X_9贷款难易程度	-0.0141205	0.0532879	-0.26	0.791
X_{10}经常联系的人物中有无担任行政领导职务者或成功知名人士	0.1456578	0.0794129	1.83	0.067
X_{11}土地是否办理确权登记	-0.1327169	0.0847399	-1.57	0.117
X_{12}当地合作社发展水平	0.4637545	0.0422153	10.99	0.000
X_{13}您知道的当地合作社有几个	0.0526004	0.0215012	2.45	0.014
X_{14}本村村民加入合作社的比例	0.1252518	0.0333398	3.76	0.000
X_{15}您所在合作社是否有贷款服务	0.0343229	0.098414	0.35	0.727
X_{16}合作社是否实施标准化管理	0.264061	0.0841202	3.14	0.002
X_{17}您是否接受过合作社的培训	0.3925437	0.1773987	2.21	0.027
X_{18}您认为您所在合作的民主程度	0.2351597	0.0547221	4.30	0.000
X_{19}所在合作社公平程度	0.1734677	0.0619967	2.80	0.005
X_{20}所在合作社自由程度	-0.0347909	0.0477168	-0.73	0.466
X_{21}您所在合作社信任程度	0.1118929	0.0481712	2.32	0.020
X_{22}合作社是否要求成员入股	0.0926455	0.0993169	0.93	0.351
X_{23}合作社股权集中程度	-0.0039082	0.0358936	-0.11	0.913
X_{24}您在合作社的职位—普通成员	-0.173059	0.0847994	-2.04	0.041
X_{25}合作社农户数量对数	-0.0104382	0.0375005	-0.28	0.781
X_{26}合作社资产对数	-0.0198787	0.030417	-0.65	0.513
X_{27}您对政府扶贫工作满意度评价	0.1145892	0.0339286	3.38	0.001
X_{28}补贴资金到手金额对数	0.0027257	0.0336678	0.08	0.935
X_{29}扶贫工作—公平程度评价	0.1289702	0.0660166	1.95	0.051
X_{30}扶贫工作—信任程度评价	-0.0300362	0.0717432	-0.42	0.675
X_{31}扶贫工作—监管程度评价	0.0304486	0.0619234	0.49	0.623
X_{32}扶贫工作—公开程度评价	0.0753598	0.0570917	1.32	0.187
X_{33}扶贫工作—资金使用效率评价	-0.0138141	0.0644944	-0.21	0.830
X_{34}扶贫工作—目标准确情况评价	-0.0293661	0.0610068	-0.48	0.630
X_{35}扶贫工作—村民参与程度评价	0.0516105	0.0551128	0.94	0.349
X_{36}扶贫工作—提供的就业机会评价	-0.036338	0.0519799	-0.70	0.485

续表

自变量	Coef.	Std. Err.	z	P > | z |
X_{37}扶贫工作—周期回访情况评价	-0.1247671	0.0528112	-2.36	0.018
Number of obs = 1086				
LR chi2 (38) = 972.18		Prob > chi2 = 0.0000		
Log likelihood = -1160.509		Pseudo R2 = 0.2952		

表 5-12　　加入 D_2 后 Y_2 的影响因素

自变量	Coef.	Std. Err.	z	P > | z |
D_2是否贫困人口	-0.2050281	0.0912216	-2.25	0.025
X_1年龄对数	-0.4152328	0.1268549	-3.27	0.001
X_2性别	0.0928341	0.0775962	1.20	0.232
X_3文化程度	-0.0439362	0.029317	-1.50	0.134
X_4家庭劳动人口数量	0.0154725	0.0315937	0.49	0.624
X_5家庭收入对数	0.0634382	0.0419637	1.51	0.131
X_6您所在合作社管理层与村委会的重合程度	0.0608778	0.0332699	1.83	0.067
X_7您所在合作社与村委会的关系	0.0164722	0.0409952	0.40	0.688
X_8农地面积对数	0.1168355	0.0452106	2.58	0.010
X_9贷款难易程度	-0.1216201	0.0533247	-2.28	0.023
X_{10}经常联系的人物中有无担任行政领导职务者或成功知名人士	0.1735176	0.0791227	2.19	0.028
X_{11}土地是否办理确权登记	-0.010883	0.0850274	-0.13	0.898
X_{12}当地合作社发展水平	0.216813	0.041611	5.21	0.000
X_{13}您知道的当地合作社有几个	0.0465872	0.0211975	2.20	0.028
X_{14}本村村民加入合作社的比例	0.0502847	0.0329841	1.52	0.127
X_{15}您所在合作社是否有贷款服务	0.2378248	0.0984703	2.42	0.016
X_{16}合作社是否实施标准化管理	0.1650309	0.0836486	1.97	0.049
X_{17}您是否接受过合作社的培训	0.4234381	0.1863213	2.27	0.023
X_{18}您认为您所在合作的民主程度	0.2076774	0.0538778	3.85	0.000
X_{19}所在合作社公平程度	0.2329414	0.0611573	3.81	0.000
X_{20}所在合作社自由程度	-0.041102	0.0468963	-0.88	0.381

续表

自变量	Coef.	Std. Err.	z	P > | z |
X_{21}您所在合作社信任程度	0.0099346	0.0477125	0.21	0.835
X_{22}合作社是否要求成员入股	-0.1374999	0.0989243	-1.39	0.165
X_{23}合作社股权集中程度	-0.0326939	0.0358309	-0.91	0.362
X_{24}您在合作社的职位—普通成员	0.3038998	0.0852467	3.56	0.000
X_{25}合作社农户数量对数	0.0728766	0.0378256	1.93	0.054
X_{26}合作社资产对数	-0.0298558	0.0303575	-0.98	0.325
X_{27}您对政府扶贫工作满意度评价	0.0027182	0.0337303	0.08	0.936
X_{28}补贴资金到手金额对数	-0.0006098	0.0336382	-0.02	0.986
X_{29}扶贫工作—公平程度评价	0.0109545	0.0714689	0.15	0.878
X_{30}扶贫工作—信任程度评价	-0.0056208	0.0728015	-0.08	0.938
X_{31}扶贫工作—监管程度评价	-0.0198842	0.0612916	-0.32	0.746
X_{32}扶贫工作—公开程度评价	0.2360327	0.0566638	4.17	0.000
X_{33}扶贫工作—资金使用效率评价	-0.1270064	0.0639311	-1.99	0.047
X_{34}扶贫工作—目标准确情况评价	-0.0125981	0.0606167	-0.21	0.835
X_{35}扶贫工作—村民参与程度评价	-0.0166759	0.0549635	-0.30	0.762
X_{36}扶贫工作—提供的就业机会评价	0.0707727	0.0520414	1.36	0.174
X_{37}扶贫工作—周期回访情况评价	-0.0646645	0.0529145	-1.22	0.222
Number of obs = 1086				
LR chi2 (38) = 676.18		Prob > chi2 = 0.0000		
Log likelihood = -1310.9155		Pseudo R2 = 0.2050		

表 5-13　　加入 D_2后 Y_3的影响因素

自变量	Coef.	Std. Err.	z	P > | z |
D_2是否贫困人口	-0.2306103	0.0940201	-2.45	0.014
X_1年龄对数	-0.2898179	0.1319103	-2.20	0.028
X_2性别	0.1381949	0.0795469	1.74	0.082
X_3文化程度	0.0336265	0.0299555	1.12	0.262
X_4家庭劳动人口数量	0.0067372	0.0320794	0.21	0.834
X_5家庭收入对数	0.0136735	0.0427693	0.32	0.749

续表

自变量	Coef.	Std. Err.	z	P > | z |
X_6您所在合作社管理层与村委会的重合程度	0. 0041506	0. 0340227	0. 12	0. 903
X_7您所在合作社与村委会的关系	0. 0984539	0. 0419578	2. 35	0. 019
X_8农地面积对数	0. 1143379	0. 0463339	2. 47	0. 014
X_9贷款难易程度	0. 0125613	0. 0537507	0. 23	0. 815
X_{10}经常联系的人物中有无担任行政领导职务者或成功知名人士	0. 0428438	0. 0811471	0. 53	0. 598
X_{11}土地是否办理确权登记	-0. 0892384	0. 0865773	-1. 03	0. 303
X_{12}当地合作社发展水平	0. 2833754	0. 042612	6. 65	0. 000
X_{13}您知道的当地合作社有几个	0. 0536917	0. 0213745	2. 51	0. 012
X_{14}本村村民加入合作社的比例	0. 1117223	0. 0333949	3. 35	0. 001
X_{15}您所在合作社是否有贷款服务	0. 2141622	0. 1002591	2. 14	0. 033
X_{16}合作社是否实施标准化管理	0. 4129843	0. 0865204	4. 77	0. 000
X_{17}您是否接受过合作社的培训	0. 1189353	0. 1858885	0. 64	0. 522
X_{18}您认为您所在合作的民主程度	0. 181933	0. 0555701	3. 27	0. 001
X_{19}所在合作社公平程度	0. 1115632	0. 0630042	1. 77	0. 077
X_{20}所在合作社自由程度	0. 0577867	0. 0488692	1. 18	0. 237
X_{21}您所在合作社信任程度	0. 098801	0. 048744	2. 03	0. 043
X_{22}合作社是否要求成员入股	0. 1079711	0. 1010797	1. 07	0. 285
X_{23}合作社股权集中程度	-0. 0241115	0. 0364052	-0. 66	0. 508
X_{24}您在合作社的职位—普通成员	-0. 0082794	0. 0861464	-0. 10	0. 923
X_{25}合作社农户数量对数	0. 035212	0. 0385354	0. 91	0. 361
X_{26}合作社资产对数	0. 0190468	0. 0312919	0. 61	0. 543
X_{27}您对政府扶贫工作满意度评价	0. 0451171	0. 0340416	1. 33	0. 185
X_{28}补贴资金到手金额对数	-0. 0152395	0. 0349106	-0. 44	0. 662
X_{29}扶贫工作—公平程度评价	-0. 0172119	0. 0749593	-0. 23	0. 818
X_{30}扶贫工作—信任程度评价	0. 0382832	0. 074922	0. 51	0. 609
X_{31}扶贫工作—监管程度评价	0. 1583739	0. 063464	2. 50	0. 013
X_{32}扶贫工作—公开程度评价	0. 0376663	0. 0587109	0. 64	0. 521
X_{33}扶贫工作—资金使用效率评价	0. 094566	0. 0664818	1. 42	0. 155

续表

自变量	Coef.	Std. Err.	z	P > | z |
X_{34}扶贫工作—目标准确情况评价	-0.1024419	0.0625438	-1.64	0.101
X_{35}扶贫工作—村民参与程度评价	0.014551	0.05568	0.26	0.794
X_{36}扶贫工作—提供的就业机会评价	0.0882279	0.0533908	1.65	0.098
X_{37}扶贫工作—周期回访情况评价	-0.1581874	0.0540229	-2.93	0.003
Number of obs = 1086				
LR chi2 (38) = 754.43		Prob > chi2 = 0.0000		
Log likelihood = -1210.8862		Pseudo R2 = 0.2375		

表 5-14　　加入 D_2 后 Y_4 的影响因素

自变量	Coef.	Std. Err.	z	P > | z |
D_2是否贫困人口	0.1421127	0.0842886	1.69	0.092
X_1年龄对数	0.002765	0.1188182	0.02	0.981
X_2性别	0.0263784	0.0731289	0.36	0.718
X_3文化程度	-0.0473066	0.0273583	-1.73	0.084
X_4家庭劳动人口数量	-0.0073072	0.0291177	-0.25	0.802
X_5家庭收入对数	-0.0002417	0.0400945	-0.01	0.995
X_6您所在合作社管理层与村委会的重合程度	0.051033	0.0310967	1.64	0.101
X_7您所在合作社与村委会的关系	0.2779031	0.0385103	7.22	0.000
X_8农地面积对数	0.0712919	0.0416501	1.71	0.087
X_9贷款难易程度	0.0124585	0.049112	0.25	0.800
X_{10}经常联系的人物中有无担任行政领导职务者或成功知名人士	0.0326352	0.0740304	0.44	0.659
X_{11}土地是否办理确权登记	-0.0074575	0.0811114	-0.09	0.927
X_{12}当地合作社发展水平	0.0469442	0.0393787	1.19	0.233
X_{13}您知道的当地合作社有几个	0.0405937	0.020995	1.93	0.053
X_{14}本村村民加入合作社的比例	0.0630718	0.0328108	1.92	0.055
X_{15}您所在合作社是否有贷款服务	0.275981	0.0972651	2.84	0.005
X_{16}合作社是否实施标准化管理	0.2505761	0.0814768	3.08	0.002

续表

自变量	Coef.	Std. Err.	z	P > | z |
X_{17}您是否接受过合作社的培训	-0.3114706	0.1538676	-2.02	0.043
X_{18}您认为您所在合作的民主程度	0.2764494	0.0531114	5.21	0.000
X_{19}所在合作社公平程度	-0.139148	0.0593428	-2.34	0.019
X_{20}所在合作社自由程度	0.0835036	0.0445771	1.87	0.061
X_{21}您所在合作社信任程度	0.0140915	0.0459981	0.31	0.759
X_{22}合作社是否要求成员入股	0.4017791	0.0947272	4.24	0.000
X_{23}合作社股权集中程度	0.0406977	0.0347947	1.17	0.242
X_{24}您在合作社的职位—普通成员	-0.0889081	0.082188	-1.08	0.279
X_{25}合作社农户数量对数	0.1104005	0.0357157	3.09	0.002
X_{26}合作社资产对数	0.0783378	0.0292313	2.68	0.007
X_{27}您对政府扶贫工作满意度评价	0.0178688	0.032041	0.56	0.577
X_{28}补贴资金到手金额对数	-0.0610511	0.0309324	-1.97	0.048
X_{29}扶贫工作—公平程度评价	-0.1256493	0.0604877	-2.08	0.038
X_{30}扶贫工作—信任程度评价	0.2161926	0.0660745	3.27	0.001
X_{31}扶贫工作—监管程度评价	-0.0738767	0.0582668	-1.27	0.205
X_{32}扶贫工作—公开程度评价	0.0716041	0.0532688	1.34	0.179
X_{33}扶贫工作—资金使用效率评价	0.0593602	0.0603043	0.98	0.325
X_{34}扶贫工作—目标准确情况评价	0.0113602	0.0573786	0.20	0.843
X_{35}扶贫工作—村民参与程度评价	0.0118635	0.0509384	0.23	0.816
X_{36}扶贫工作—提供的就业机会评价	0.0658946	0.0488096	1.35	0.177
X_{37}扶贫工作—周期回访情况评价	-0.0481786	0.0502531	-0.96	0.338
Number of obs = 1086				
LR chi2 (38) = 459.24		Prob > chi2 = 0.0000		
Log likelihood = -1377.815		Pseudo R2 = 0.1428		

表 5-15　　　加入 D_2后 Y_5的影响因素

自变量	Coef.	Std. Err.	z	P > | z |
D_2是否贫困人口	-0.0418049	0.0829498	-0.50	0.614
X_1年龄对数	0.1556477	0.1173706	1.33	0.185

续表

自变量	Coef.	Std. Err.	z	P > | z |
X_2性别	-0.0779126	0.072165	-1.08	0.280
X_3文化程度	0.0032302	0.0269423	0.12	0.905
X_4家庭劳动人口数量	0.0058196	0.0288059	0.20	0.840
X_5家庭收入对数	-0.0004524	0.0396417	-0.01	0.991
X_6您所在合作社管理层与村委会的重合程度	0.0708116	0.0307573	2.30	0.021
X_7您所在合作社与村委会的关系	0.1079274	0.037681	2.86	0.004
X_8农地面积对数	0.0154711	0.0411552	0.38	0.707
X_9贷款难易程度	-0.0329866	0.048491	-0.68	0.496
X_{10}经常联系的人物中有无担任行政领导职务者或成功知名人士	0.1057043	0.0733214	1.44	0.149
X_{11}土地是否办理确权登记	-0.0606346	0.0801806	-0.76	0.450
X_{12}当地合作社发展水平	0.0725322	0.0388843	1.87	0.062
X_{13}您知道的当地合作社有几个	0.0361846	0.0207016	1.75	0.080
X_{14}本村村民加入合作社的比例	-0.0978703	0.0322819	-3.03	0.002
X_{15}您所在合作社是否有贷款服务	0.1011608	0.0955938	1.06	0.290
X_{16}合作社是否实施标准化管理	0.2263448	0.0805285	2.81	0.005
X_{17}您是否接受过合作社的培训	-0.5347969	0.1525301	-3.51	0.000
X_{18}您认为您所在合作的民主程度	0.2222957	0.0524535	4.24	0.000
X_{19}所在合作社公平程度	-0.0246271	0.0585881	-0.42	0.674
X_{20}所在合作社自由程度	0.0501999	0.0440599	1.14	0.255
X_{21}您所在合作社信任程度	-0.0281655	0.0454505	-0.62	0.535
X_{22}合作社是否要求成员入股	0.1777397	0.0927557	1.92	0.055
X_{23}合作社股权集中程度	-0.0031102	0.0341699	-0.09	0.927
X_{24}您在合作社的职位—普通成员	0.0750938	0.0811975	0.92	0.355
X_{25}合作社农户数量对数	0.1198826	0.0352156	3.40	0.001
X_{26}合作社资产对数	0.0240949	0.0288784	0.83	0.404
X_{27}您对政府扶贫工作满意度评价	0.031776	0.0314526	1.01	0.312
X_{28}补贴资金到手金额对数	0.0509125	0.0305666	1.67	0.096
X_{29}扶贫工作—公平程度评价	-0.0155941	0.059573	-0.26	0.794

续表

自变量	Coef.	Std. Err.	z	P > ∣ z ∣
X_{30}扶贫工作—信任程度评价	-0.0781399	0.0650229	-1.20	0.229
X_{31}扶贫工作—监管程度评价	0.0752617	0.0576507	1.31	0.192
X_{32}扶贫工作—公开程度评价	0.1270722	0.0528373	2.40	0.016
X_{33}扶贫工作—资金使用效率评价	0.0125807	0.0596877	0.21	0.833
X_{34}扶贫工作—目标准确情况评价	0.0772397	0.0566314	1.36	0.173
X_{35}扶贫工作—村民参与程度评价	-0.0880215	0.0503956	-1.75	0.081
X_{36}扶贫工作—提供的就业机会评价	0.1101707	0.0481768	2.29	0.022
X_{37}扶贫工作—周期回访情况评价	-0.1147176	0.0495247	-2.32	0.021
Number of obs = 1086				
LR chi2 (38) = 274.87		Prob > chi2 = 0.0000		
Log likelihood = -1484.3686		Pseudo R2 = 0.0847		

表 5-16　　　　加入 D_2后 Y_6的影响因素

自变量	Coef.	Std. Err.	z	P > ∣ z ∣
D_2是否贫困人口	0.1829139	0.0838919	2.18	0.029
X_1年龄对数	0.1386891	0.1190843	1.16	0.244
X_2性别	0.0168026	0.0731347	0.23	0.818
X_3文化程度	0.0418903	0.0271507	1.54	0.123
X_4家庭劳动人口数量	-0.0475364	0.0291175	-1.63	0.103
X_5家庭收入对数	-0.0061132	0.040076	-0.15	0.879
X_6您所在合作社管理层与村委会的重合程度	0.1950629	0.0314371	6.20	0.000
X_7您所在合作社与村委会的关系	0.0208109	0.0381299	0.55	0.585
X_8农地面积对数	0.0779792	0.0415711	1.88	0.061
X_9贷款难易程度	0.0037902	0.0489624	0.08	0.938
X_{10}经常联系的人物中有无担任行政领导职务者或成功知名人士	0.1057306	0.0739404	1.43	0.153
X_{11}土地是否办理确权登记	-0.0206335	0.0810876	-0.25	0.799
X_{12}当地合作社发展水平	0.0697265	0.0394053	1.77	0.077

续表

自变量	Coef.	Std. Err.	z	P > | z |
X_{13}您知道的当地合作社有几个	-0.0195349	0.0207939	-0.94	0.347
X_{14}本村村民加入合作社的比例	-0.036051	0.0325743	-1.11	0.268
X_{15}您所在合作社是否有贷款服务	-0.0535924	0.0965097	-0.56	0.579
X_{16}合作社是否实施标准化管理	0.166481	0.0814286	2.04	0.041
X_{17}您是否接受过合作社的培训	-0.6834174	0.154915	-4.41	0.000
X_{18}您认为您所在合作的民主程度	0.2880394	0.0534147	5.39	0.000
X_{19}所在合作社公平程度	0.0354344	0.0592046	0.60	0.550
X_{20}所在合作社自由程度	0.0041891	0.0451773	0.09	0.926
X_{21}您所在合作社信任程度	-0.0252616	0.0464022	-0.54	0.586
X_{22}合作社是否要求成员入股	0.0916147	0.0934236	0.98	0.327
X_{23}合作社股权集中程度	0.1151311	0.0344997	3.34	0.001
X_{24}您在合作社的职位—普通成员	-0.2078099	0.0823379	-2.52	0.012
X_{25}合作社农户数量对数	0.0810991	0.0355543	2.28	0.023
X_{26}合作社资产对数	-0.0171944	0.0292961	-0.59	0.557
X_{27}您对政府扶贫工作满意度评价	-0.130977	0.0319655	-4.10	0.000
X_{28}补贴资金到手金额对数	-0.0711417	0.0309	-2.30	0.021
X_{29}扶贫工作—公平程度评价	-0.263896	0.071859	-3.67	0.000
X_{30}扶贫工作—信任程度评价	0.1838236	0.069486	2.65	0.008
X_{31}扶贫工作—监管程度评价	-0.0404062	0.0585938	-0.69	0.490
X_{32}扶贫工作—公开程度评价	0.1661224	0.0535446	3.10	0.002
X_{33}扶贫工作—资金使用效率评价	0.0653249	0.0603857	1.08	0.279
X_{34}扶贫工作—目标准确情况评价	0.0276114	0.0572878	0.48	0.630
X_{35}扶贫工作—村民参与程度评价	0.0124743	0.0508391	0.25	0.806
X_{36}扶贫工作—提供的就业机会评价	0.0632601	0.0482563	1.31	0.190
X_{37}扶贫工作—周期回访情况评价	-0.0091713	0.0499144	-0.18	0.854
Number of obs = 1086				
LR chi2 (38) = 290.22		Prob > chi2 = 0.0000		
Log likelihood = -1407.9903		Pseudo R2 = 0.0934		

从表 5-11 可以看出，对 Y_1 影响较大的有：X_8（农地面积对

数）、X_{12}（当地合作社发展水平）、X_{13}（您知道的当地合作社有几个）、X_{16}（合作社是否实施标准化管理）、X_{18}（您认为您所在合作的民主程度）、X_{19}（所在合作社公平程度）、X_{21}（您所在合作社信任程度）、X_{24}（您在合作社的职位—普通成员）、X_{27}（您对政府扶贫工作满意度评价）、X_{29}（扶贫工作—公平程度评价）、X_{37}（扶贫工作—周期回访情况评价），这些变量在加入 D_2 以后的显著程度没有明显变化，所以表 5 - 11 ~ 表 5 - 16 的模型运行结果就不再赘述。

5.5 研究结论

本书研究构建了 6 个因变量来测度农民合作社的扶贫绩效，包括对个人的绩效和对村庄发展的绩效。从表 5 - 5 ~ 表 5 - 16 的运行结果中可以得出以下结论。

5.5.1 农民合作社可以作为扶贫工作的载体

欠发达地区的农民合作社发展程度较低，对于成员经济收入增长、农产品价格提高、生态环境改善的作用还不显著，但对降低农民生产成本、农村经济发展、推进社区发展还是起到了积极的作用，因此欠发达地区农民合作社需要外部资源进一步支持，包括政府部门和非政府部门的。贫困人口认为农民合作社对村经济发展的带动作用、农民合作社对生态环境的改善作用还是比较明显，但在其他方面还有待于进一步提高。现有的农民合作社还没有以扶贫为主要目标，对贫困人口的吸纳和接受程度还有待于进一步提高，所以农民扶贫合作社与一般的农民合作社还是有一定的区别。我国农民合作社发展水平整体还是处于合作社的初级阶段，这个时候统购统销降低成本是其主要的功能，模型的运行结果表明了欠发达地区农民合作社在降低成本和推进社区发展方面具有更好的作用，农民合作社扶贫模式具有一定理论和实践基础，是适应于我国欠发达地区的。

5.5.2 影响农民合作社扶贫绩效的影响因素分析

本书用六个方面来评价农民合作社扶贫绩效，那么这些绩效的影响因素也就是模型中比较显著的变量，将是我们构建农民合作社扶贫模式的需要重点考虑的。

第一，农民合作社的民主程度在农民合作社绩效影响因素中显著性比较高，因此坚持农民合作社的民主制度和原则有利于提高农民合作社的扶贫绩效，民主是合作的基础，只有充分表达成员意愿、满足成员需求合作才可能可持续发展。

第二，土地面积在影响农民合作社对成员个人绩效提升中的作用比较大，有利于成本降低、收入提高、合作社价格改进。本书强调基于一定土地规模的合作，鼓励成员间内部的土地流转保证土地使用途径不变的情况下推进农民合作社成员经营规模的合理扩张，降低成员异质性。

第三，当地农民合作社发展的整体水平、规模、数量也会影响到该农民合作社绩效，本书从农民合作社联合发展的角度，也就是说，基层农民合作社数量增加、质量提升有利于合作经济的规模效益。

第四，农民合作社功能结构对绩效影响较大。农民合作社的标准化生产程度对绩效有着很大的影响，可以提高收入、降低成本，作为现代农业的主体，标准化生产是农民合作社重要功能，需要进一步加强。农民合作社功能需要不断扩展，除了生产、销售外还要有贷款、培训等功能，这样才能更好地提升绩效。

第五，农民合作社成员数量对绩效有着较好的影响，成员数量越大农民合作社的扶贫绩效越好，再次证明成员是合作的基础，只有更多的成员加入农民合作社才能更好地发挥扶贫功能。

这部分内容就是“合作乘数”，也就是合作社的组织特征对绩效的影响，这是一个系列的系数，从显著性较高的几个影响因素来看，“民主程度、成员数量、合作社功能结构、股权结构”可以作为合作乘数的主要组成变量，而且与绩效是正向相关的。

5.5.3 外界激励对农民合作社扶贫绩效的影响

第一，政府扶贫工作满意度和多角度的评价对农民合作社扶贫绩效有着一定的影响，说明政府扶贫工作与农民合作社扶贫绩效有着密切的关系。政府扶贫工作越是规范、公平、公开、信任度高，农民合作社扶贫效果越明显，说明政府扶贫工作会对农民合作社运营产生一定的间接影响，如对农户的培训、扶贫项目参与、规范农户行为等，这样促使农民合作社成员参与度提高，改善其合作意识，从而更加关注农民合作社。研究结果表明，这些间接的影响，对农民合作社发展起到了积极作用。但是如果将这些间接影响转化为直接影响，以农民合作社作为载体进行农村、农业、农民的扶贫综合开发就可以更有效地提升政府扶贫的规模经济效应、提升扶贫资金使用的针对性和精准性，降低资金挪用的风险，在扶贫的同时，将农民合作社作为农村主任期发展的经济机构和动力，以稳定的组织和合作制度的内生动力和农村生产经营的制度变革的内生动力来帮助贫困人口实现收入的持续增长，从根本上实现脱贫，防止返贫。政府扶贫工作与农民合作社有一定的替代性，政府扶贫工作可以部分交给农民合作社实施，并由政府购买，这样有利于建立可持续发展的自我扶贫机构，扶持欠发达地区农民合作社发展。

第二，每年到手的扶贫资金量也对农民合作社扶贫绩效有一定影响，如农产品价格改进、生产成本降低、社区发展，扶贫资金可以用于基本生活补助和农民合作社发展，那么这些资金如何补贴使用效率更好，是直接发放还是通过农民合作社间接补贴更好，需要我们进一步研究，本书认为在满足基本生活条件下，以农民合作社为载体间接补贴可以发挥更好的资金规模效益。

第三，村主任与社长、村委与农民合作社管理层的关系对农民合作社发展绩效有一定的影响。本书有专门的章节研究这个问题。村主任兼任农民合作社社长可以作为农民合作社的一种管理模式，这种模式可以充分整合农村内部资源，如农村集体经济、农民资源、农村精英的社会资本、资金等，快速推进农民合作社发展，在欠发达地区人力资源短缺，这种交叉的混合模式更有利于发挥农民合作社的扶贫功能。村委与农民合作社的关系越好，二者越能实现协调发展；如果二者关系不好，可能就会出现为了资源竞争的局面形成两败俱伤的情况。

5.6　成员对扶贫、合作需求的进一步分析

5.6.1　农民合作社对家庭的帮助

为了进一步分析农民合作社成员对扶贫工作的需求、对农民合作社的需求以及农民合作社本身发展的需求，本书进一步分析了成员的选择，依然以贫困地区与非贫困地区、贫困人口与非贫困人口进行分组比较。从表 5 - 17 可以看出，贫困地区农民合作社成员对合作社降低成本的作用评价较好，从合作社功能上看，通过统一购销可以有效降低成员的生产经营成本，特别是在新技术使用方面贫困地区和非贫困地区降低成本的作用最为明显，而贫困地区效果更好一点，从成本降低的视角农民合作社在贫困地区发挥的作用更大一点。所以欠发达地区农民扶贫合作社的发展和功能构建需要从成员评价和意愿出发，首先基于成本的降低功能。

表 5-17　　农民合作社对成本降低的帮助作用

变量	贫困地区（均值）	非贫困地区（均值）
技术指导价格	3.09	2.91
机械租赁价格	2.73	2.24
播种价格	2.71	2.16
种子价格	2.67	2.14
贷款利息	2.55	2.14
化肥价格	2.48	2.11
灌溉用水价格	2.41	2.11

对比贫困人口与非贫困人口如表 5-18 所示，在技术指导价格与化肥价格上非贫困人口均值更高，但是在机械租赁价格、贷款利息、种子价格、播种价格、灌溉用水价格方面贫困人口认为农民合作社的作用更大一点，说明在降低成本方面现有的农民合作社对贫困人口的帮助更大一些。

表 5-18　　农民合作社对成本降低的帮助作用

变量	贫困人口（均值）	非贫困人口（均值）
技术指导价格	2.80	3.03
化肥价格	2.55	2.57
机械租赁价格	2.55	2.38
贷款利息	2.52	2.23
种子价格	2.50	2.31
播种价格	2.42	2.30
灌溉用水价格	2.39	2.18

农民合作社在贫困地区和非贫困地区的扶贫绩效对比中可以看出，贫困地区农民合作社对成员家庭帮助程度更大（见表 5-19），无论在农业生产还是生活、就业、精神文化方面，说明贫困地区农民合作社成员对农民合作社的认可程度较高，其中最高是技能培训，其次是农民合作社发放的福利，最后是农业新技术的运用。非贫困地区成员认可的首先是技能培训，其次是农业技术运用，最后是提高农产品价格。

表 5 – 19　　　　农民合作社对家庭的帮助作用

变量	贫困地区（均值）	非贫困地区（均值）
技能培训	3.25	2.91
发放福利	3.19	2.32
提供农业新技术	3.13	2.97
医疗保健	3.10	2.37
提高农产品价格	3.09	2.76
信息服务	3.08	2.74
改善生活设施	2.92	2.47
改善交通状况	2.91	2.46
丰富文化生活	2.86	2.38
降低物资价格	2.85	2.68
提供工作机会	2.81	2.49
融资贷款服务	2.80	2.23
改善居住环境	2.71	2.41

从贫困人口和非贫困人口比较，非贫困人口认为农民合作社的作用较大，除了在融资贷款服务方面外，贫困人口的均值高于非贫困人口，其他方面农民合作社的扶贫作用需要进一步加强，因为现有的农民合作社并没有将扶贫作为主要的目标，对于贫困人口的帮助和接受程度还有待于提高（见表 5 – 20）。

表 5 – 20　　　　农民合作社对家庭的帮助作用

变量	贫困人口（均值）	非贫困人口（均值）
技能培训	2.74	3.23
提供农业新技术	2.72	3.22
信息服务	2.66	3.04
医疗保健	2.60	2.68
提高农产品价格	2.59	3.00
改善交通状况	2.58	2.69
发放福利	2.58	2.66
降低物资价格	2.56	2.88

续表

变量	贫困人口（均值）	非贫困人口（均值）
融资贷款服务	2.53	2.46
改善生活设施	2.48	2.70
提供工作机会	2.46	2.67
改善居住环境	2.44	2.59
丰富文化生活	2.40	2.60

5.6.2　不同类型成员对农村相关政策评价

政府农村相关政策的评价如表 5－21 所示，我们可以看到，贫困地区和非贫困地区的差异还是比较大的，说明二者在扶贫需求方面有一定的差异。贫困地区中满意度第一的是新型农村合作医疗制度，第二是粮种补贴政策，第三是农村社会养老保险制度，第四是农村社会养老保险制度和教育扶贫。而在非贫困地区农民合作社成员满意度较高的分别是农村社会养老保险制度、新型农村合作医疗制度、粮种补贴政策、最低生活保障制度。这说明疾病是导致贫困的重要原因，而非贫困地区农民更关注养老问题，其次才是医疗服务；最低生活保障制度、农机补贴政策、科技兴农等实用农业技术培训项目得分相差不大。教育扶贫是改善贫困地区现状的主要手段之一，而移民搬迁扶贫则是成员评价最低的政策，说明农村居民对离开故乡生活的不适应性较高。

表 5－21　　　　成员对农村相关政策评价

政策评价	贫困地区（均值）	非贫困地区（均值）
新型农村合作医疗制度	4.07	3.82
粮种补贴政策	3.81	3.59
农村社会养老保险制度	3.62	3.83
教育扶贫	3.62	3.34
最低生活保障制度	3.57	3.55
农机补贴政策	3.39	3.39

续表

政策评价	贫困地区（均值）	非贫困地区（均值）
家电下乡	3.29	3.48
科技兴农等实用农业技术培训项目	3.25	3.29
搬迁移民	2.81	2.96

对比贫困人口与非贫困人口政策评价（见表 5－22）可以看出，非贫困人口的政策评价较高，说明政策实施中需要进一步改进，让这些政策为贫困人口提供更多帮助，当然这些政策并非全部用于扶贫目标，更多的是普惠性政策，非贫困人口评价较高也是正常。

表 5－22　成员对农村相关政策评价

政策评价	贫困人口（均值）	非贫困人口（均值）
新型农村合作医疗制度	3.58	4.03
良种补贴政策	3.52	3.75
农村社会养老保险制度	3.51	3.90
扶贫政策评价家电下乡	3.30	3.46
最低生活保障制度	3.29	3.67
教育扶贫	3.28	3.51
农机补贴政策	3.09	3.51
科技兴农等实用农业技术培训项目	2.96	3.42
搬迁移民	2.75	2.96

5.6.3　不同成员对农民合作社服务评价和需求差异

从表 5－23 可以看出，成员对农民合作社现有服务项目的评价中，贫困地区的评价要高于非贫困的地区成员的评价，贫困地区成员评价从高到低依次是供销服务、培训服务、生产服务、社会福利、信息服务；非贫困地区依次是供销服务、社会福利、培训服务、专家咨询、生产服务。这说明供销服务是农民合作社的基本功能，培训服务对贫困和非贫困地区农民合作社都比较重要，其他服务在排序方面有一定的差距，说明贫困地区与非贫困地区在服务功能的发展上程度不一致。贫困地区农民合作社需要按照成员需求来开展不同的服务功能，不能盲目照搬发达地区和发达国家的经验。这些数据为我们发展农民扶贫合作社的方向提供了数据支撑和参考。

表 5－23　　成员对农民合作社现有服务项目评价

服务项目	贫困地区（均值）	非贫困地区（均值）
供销服务	3.58	3.23
培训服务	3.52	3.21
生产服务	3.50	3.02
社会福利	3.49	3.23
信息服务	3.45	3.07
专家咨询	3.44	3.17
农业保险	3.34	2.56
贷款服务	3.23	2.55
文化生活	3.19	2.65
社区发展	3.13	2.79

对比贫困人口与非贫困人口的合作社服务评价（见表 5－24）可以发现，非贫困人口的评价要高于贫困人口的评价，现有农民合作社的扶贫功能并未有效发挥。因此，农民扶贫合作社与一般的农民合作社还是有一定的差距的，一个是以扶贫为目标，侧重贫困人口的脱贫；另一个是推进成员的全面发展。贫困人口更加关注供销服务、培训服务、生产服务；非贫困人口更加关注培训服务、社会福利、供销服务，成员差异化需求也就决定了合作社的差异化目标。

表 5－24　　成员对农民合作社现有服务项目评价

服务项目	贫困人口（均值）	非贫困人口（均值）
供销服务	3.06	3.45
培训服务	3.00	3.54
生产服务	2.96	3.31
社会福利	2.94	3.47

续表

服务项目	贫困人口（均值）	非贫困人口（均值）
专家咨询	2.88	3.44
信息服务	2.88	3.32
农业保险	2.85	2.90
文化生活	2.77	2.92
贷款服务	2.76	2.83
社区发展	2.75	2.96

在未来的农民合作社发展中需要什么样支持，贫困地区和非贫困地区的农民合作社成员给出具有一定差异的选择，如表 5－25 所示，在资金、人才、销售、技术、本地村民支持、金融支持、培训支持、村委会支持方面非贫困地区成员的需求程度要高于贫困地区成员需求程度。而在管理咨询支持、政策支持、税收优惠、农业保险支持、网络信息化、社会福利、精神文化支持方面贫困地区的需求要高于非贫困地区。贫困地区需求最强烈依次是政策支持、资金支持、生产技术支持、税收优惠；非贫困地区需求最强烈的依次是生产技术支持、销售支持、资金支持、管理人才支持、金融支持。说明在贫困地区需要更多政策性支持，而且非贫困地区更多需要的是具体经营管理的支持，所以贫困地区的农民合作社的发展模式相对非贫困地区还是有一定的区别的，贫困地区的农民合作社发展相对滞后。

表 5－25　　　　农民合作社发展的需求

合作社需求	贫困地区（均值）	非贫困地区（均值）
政策支持	3.88	3.82
资金支持	3.81	3.86
生产技术支持	3.73	3.96
税收优惠	3.72	3.68
销售支持	3.69	3.95
管理人才支持	3.67	3.86
培训支持	3.66	3.75

续表

合作社需求	贫困地区（均值）	非贫困地区（均值）
管理咨询支持	3.64	3.60
金融支持	3.62	3.86
本地村民支持	3.59	3.77
农业保险支持	3.59	3.39
发展规划支持	3.56	3.61
网络信息化	3.54	3.52
村委会支持	3.53	3.69
社会福利	3.50	3.25
精神文化支持	3.34	3.23

对比贫困人口与非贫困人口视角下农民合作社发展的需求（见表5－26）可以发现，贫困人口首先需要生产技术支持、政策支持、管理人才支持；而非贫困人口首先需要销售支持、生产技术支持、资金支持。所以农民扶贫合作社首先要改进贫困成员的生产、尽量获得政府扶贫项目的支持，以及外来人才的人力资源帮助，这再一次证明农民扶贫合作社与普通农民合作社的差异。

表5－26　　农民合作社发展的需求

合作社需求	贫困人口（均值）	非贫困人口（均值）
生产技术支持	3.68	3.97
政策支持	3.67	3.94
管理人才支持	3.56	3.88
销售支持	3.53	4.04
税收优惠	3.50	3.61
培训支持	3.49	3.81
本地村民支持	3.48	3.78
金融支持	3.48	3.71
资金支持	3.47	3.95
村委会支持	3.44	3.78
管理咨询支持	3.31	3.74

续表

合作社需求	贫困地区（均值）	非贫困地区（均值）
社会福利	3.30	3.40
农业保险支持	3.28	3.54
发展规划支持	3.26	3.74
网络信息化	3.23	3.64
精神文化支持	3.16	3.37

从表 5－27 可以看出，贫困地区农民合作社对下列支持手段的需求程度，贫困地区的农民合作社需求与非贫困地区还是有一定的差距的，通过需求的分析，有助于政府制定农民合作社发展政策。从表 5－27可以看出，认为政策支持帮助很大的占 42.3%，其次是资金支持（40.0%），第三是生产技术支持（35.3%）。

表 5－27　农民合作社发展的需求（贫困地区频率分析）　单位:%

项目	资金支持	管理人才支持	销售支持	生产技术支持	发展规划支持	管理咨询支持	本地村民支持	政策支持
没有帮助	6.7	9.0	8.8	8.1	8.8	7.9	7.6	7.9
帮助较小	10.4	9.7	9.0	8.8	12.9	12.2	12.7	9.0
一般	18.5	21.2	19.4	20.1	22.6	23.1	25.2	12.9
帮助较大	24.5	25.6	30.0	27.7	24.9	21.9	21.9	27.9
帮助很大	40.0	34.4	32.8	35.3	30.7	34.9	32.6	42.3

项目	税收优惠	金融支持	培训支持	村委会支持	农业保险支持	网络信息化	社会福利	精神文化支持
没有帮助	7.6	5.8	7.4	11.3	9.9	7.9	8.3	11.3
帮助较小	9.7	14.3	11.1	12.0	11.5	15.9	16.4	17.8
一般	19.6	22.4	23.6	21.7	21.7	21.0	22.9	23.8
帮助较大	29.1	27.5	24.2	22.4	23.3	24.5	22.2	19.6
帮助很大	33.9	30.0	33.7	32.6	33.5	30.7	30.3	27.5

5.6.4 不同成员对扶贫服务的需求差异

从表5-28可以看出，农民合作社成员对不同扶贫服务需求程度，贫困地区和非贫困地区的差异还是有一定的差异，贫困地区的需求程度还是相对较高，需求程度从高到低依次为：医疗服务、政府现金补贴、养老服务、教育投资、提供就业机会、专业技能培训、基础设施建设、发展合作社、税收优惠政策、企业直接投资、发展特色农业、银行提供贷款、自然环境改善、开发旅游项目、社会公益活动、移民搬迁。非贫困地区农民合作成员需求程度依次是：医疗服务、养老服务、专业技能培训、发展合作社、基础设施建设、政府现金补贴、提供就业机会、教育投资、发展特色农业、自然环境改善、开发旅游项目、企业直接投资、税收优惠政策、社会公益活动、银行提供贷款、移民搬迁。医疗服务对于农民来说依然是最为需要的服务，农村医疗水平相对较差，这也是部分农户贫困的主要成因，继续推进农村医疗改革是解决贫困问题的主要手段。养老服务依然是需要程度较高，老龄化不仅是城市存在的问题也是农村存在的重要问题，因此养老服务应该是政府扶贫工作中的需要整体规划的内容。贫困地区成员比较喜欢现金的扶贫方式，这样可以有效解决收入问题，但是这种方式属于输血式扶贫，主要用于紧急的补助或者无劳动力人员的补助，不适宜大规模开展。教育扶贫在贫困地区的需求中排名也比较靠前，其次是就业机会和能力问题。发展农民合作社的需求在贫困地区排到了第八位，而在非贫困地区排到了第四位，这说明非贫困地区的成员相对来说更加了解农民合作社意义和作用。

表 5－28　　哪些服务能有效提高您的生活水平

变量	贫困地区（均值）	非贫困地区（均值）
医疗服务	4.04	3.74
政府现金补贴	3.97	3.41
养老服务	3.95	3.66
教育投资	3.78	3.36
提供就业机会	3.75	3.39
专业技能培训	3.72	3.64
基础设施建设	3.68	3.45
发展合作社	3.65	3.50
税收优惠政策	3.61	3.13
企业直接投资	3.51	3.14
发展特色农业	3.39	3.35
银行提供贷款	3.37	3.02
自然环境改善	3.21	3.35
开发旅游项目	3.18	3.18
社会公益活动	3.09	3.04
移民搬迁	2.81	2.78

比较贫困人口和非贫困人口的扶贫需求（见表 5－29）可以发现，贫困人口需求依次是医疗服务、养老服务、政府现金补贴、教育投资、专业技能培训、发展合作社。非贫困人口需求依次是医疗服务、养老服务、专业技能培训、政府现金补贴、发展合作社、基础设施建设。表 5－29 说明医疗和养老服务是农民需求程度较高的扶贫服务，贫困人口相对非贫困人口更急需政府现金补贴和教育、技能培训，然后就是发展合作社，非贫困人口对农民合作社的需求排到了第五位，贫困人口对合作社需求是第六位，说明非贫困人口合作意识较好，对合作认知程度更高。

表 5－29　　哪些服务能有效提高您的生活水平

变量	贫困人口（均值）	非贫困人口（均值）
医疗服务	3.61	3.95
养老服务	3.51	3.87
专业技能培训	3.38	3.81
政府现金补贴	3.45	3.71
发展合作社	3.35	3.70
基础设施建设	3.21	3.66
提供就业机会	3.32	3.61
教育投资	3.41	3.60
发展特色农业	2.98	3.51
企业直接投资	3.15	3.39
自然环境改善	3.00	3.39
税收优惠政策	3.20	3.38
开发旅游项目	2.96	3.30
银行提供贷款	3.02	3.24
社会公益活动	2.83	3.20
移民搬迁	2.78	2.76

从表 5－30 频率分析中我们可以看出，贫困地区农民合作社成员对政府扶贫服务的需求，在精准扶贫的大政策背景下，只有尊重贫困地区农户意愿才能真正调动农户参与扶贫项目的积极性，提高扶贫工作的本地化和实用性。因此建议扶贫项目规划需要当地农户参与结合本地人的知识和需求，才能更精准、接地气。通过本地人需求分析，才能更好地制定扶贫规划，优先发展当地农户需要的服务。

表 5－30　　哪些服务能有效提高您的生活水平
（贫困地区频率分析）　　单位:%

项目	政府现金补贴	专业技能培训	税收优惠政策	基础设施建设	企业直接投资	提供就业机会	银行提供贷款	移民搬迁
没有帮助	4.2	4.8	4.6	4.8	5.5	5.8	9.9	11.3
帮助较小	8.8	12.9	13.6	10.9	16.9	12.0	16.6	19.9

续表

项目	政府现金补贴	专业技能培训	税收优惠政策	基础设施建设	企业直接投资	提供就业机会	银行提供贷款	移民搬迁
一般	14.5	21.2	27.3	26.8	28.2	18.9	27.5	31.4
帮助较大	31.2	27.5	25.6	26.8	19.9	28.4	18.2	22.4
帮助很大	41.3	33.5	28.9	30.7	29.6	34.9	27.7	15.0
项目	开发旅游项目	发展特色农业	社会公益活动	自然环境改善	教育投资	发展合作社	医疗服务	养老服务
没有帮助	9.5	8.5	11.3	11.1	4.2	6.2	3.0	4.6
帮助较小	20.3	17.1	19.9	18.0	10.9	11.5	5.3	6.9
一般	28.6	23.3	31.4	30.5	19.2	25.4	14.5	16.9
帮助较大	25.4	27.9	22.4	19.4	34.2	24.5	38.8	32.1
帮助很大	16.2	23.1	15.0	21.0	31.6	32.3	38.3	39.5

从表 5－31 中可以看出，调研的农民合作社成员获得的扶贫补贴，由于成员可以重复获得多种补贴，因此研究使用了多重响应的分析方法，了解样本中获得补贴的情况，贫困地区获得补贴较多的依次是良种补贴、粮食直补、新农村养老保险收入、低保或贫困补贴，比例分别为 19.3%、19.0%、13.7%、12.6%。非贫困地区成员获得补贴较多的是粮食直补、新农村养老保险收入、退耕还林（还草）补贴、贫困家庭学生补助，比例分别为 21.6%、13.9%、13.1%、9.6%。

表 5－31　　扶贫补贴统计

获得的补贴	贫困地区			非贫困地区		
	Responses		Percent of Cases	Responses		Percent of Cases
	N	Percent		N	Percent	
良种补贴	175	19.3%	60.8%	131	9.1%	25.1%
粮食直补	172	19.0%	59.7%	311	21.6%	59.6%
新农村养老保险收入	124	13.7%	43.1%	200	13.9%	38.3%
低保或贫困补贴	114	12.6%	39.6%	109	7.6%	20.9%

续表

获得的补贴	贫困地区			非贫困地区		
	Responses		Percent of Cases	Responses		Percent of Cases
贫困家庭学生补助	67	7.4%	23.3%	138	9.6%	26.4%
生产资料补贴	65	7.2%	22.6%	72	5.0%	13.8%
救济金	47	5.2%	16.3%	50	3.5%	9.6%
无偿扶贫款	46	5.1%	16.0%	34	2.4%	6.5%
退耕还林（还草）补贴	22	2.4%	7.6%	188	13.1%	36.0%
贫困家庭危房改造补助	22	2.4%	7.6%	58	4.0%	11.1%
救灾款	13	1.4%	4.5%	14	1.0%	2.7%
库区移民补贴	12	1.3%	4.2%	20	1.4%	3.8%
救济粮	10	1.1%	3.5%	65	4.5%	12.5%
抚恤金	10	1.1%	3.5%	7	0.5%	1.3%
救济粮折款	8	0.9%	2.8%	43	3.0%	8.2%
合计	907	100.0%	314.9%	1440	100.0%	275.9%

小结：成员是农民合作社主体，也是欠发达地区农民扶贫合作社的主体，既然是扶贫合作社更要偏向于贫困农民，对这些人提供一部分额外的支持力度，在利润分配和服务设置中偏向于贫困人口的需求。以上数据的分析，为欠发达地区农民合作扶贫模式的构建提供有力的数据支撑，并为农民扶贫合作社提供具体的发展路径指导。农民扶贫合作社的主体是贫困农户和低收入农户，并允许富裕农户的加入，全面带动欠发达地区整体农民收入增加。农民扶贫合作社将贫困与农民合作社资源整合，提升贫困农户的组织化程度和自我发展能力，实现“输血”到“造血”的转变，这个过程也是贫困人口人力资源提升的过程，贫困农户的主体地位是不可动摇的，一定要坚持农民合作社原则和限制资本的回报，将慈善融入合作扶贫的失业中，所以成员的意愿和行为对农民扶贫合作社有着重要的影响，农民合作扶贫模式是围绕贫困主体发展实现的资源整合模式，而具体的实现路径有多种途径。

第6章 欠发达地区农民合作扶贫模式的实现路径

欠发达地区农民扶贫合作社具有多种合作内容和形式，第3章内容对农民扶贫合作社的基本框架、体系、特征和概念进行了界定，农民扶贫合作社是合作社类型之一，遵循合作社的原则和目标，在我国农民合作社法的规定下依法运营。农民扶贫合作社具体的合作内容、经营范围是根据本地成员的需求来组建的，如综合类合作、专业类生产合作、消费合作、教育合作、金融合作、土地合作、旅游合作、销售合作、农机合作、农产品加工合作、生活服务合作、住房合作、用水合作等，实现农民合作社的纵向一体化和横向一体化发展。所以农民扶贫合作社是一个宽泛的概念，每一个农民扶贫合作社的目标和功能都有差异，可以根据成员需求组成一个综合型合作社，也可以一个村庄有多个合作社，一个成员根据个人需要加入不同的合作社，不同类型的合作社在产权制度、分配制度、管理制度、生产制度、会员制度等方面有一定的差异，每一个农民扶贫合作社具体发展路径是不一致的，但是都要坚持合作原则，“一人一票”、民主管理的基本制度。本书选择四个农民扶贫合作社可以发展的具体路径并做了详细的分析，为今后农民扶贫合作社发展路径创新提供参考：第一，农民社区扶贫合作社。研究目的是整合现有扶贫政策，将低保与扶贫开发有机结合，提高政策和资金的使用效率，实现政府扶贫资源有效对接。第二，旅游扶贫合作社。欠发达地区有丰富的旅游资源，但是在现有的旅游项目开发中，贫困人口收益程度、参与程度都比较低，大多处于旅游产业的低端，如何改进这种现状是我们需要解决的问题。第三，社区综合合作社。其是区域性的全方位覆盖贫困人口生产生活的合作社，主要目的是为成员服务，而不是追求利润最大化，是解决企业、慈善机构与贫困人口对接的有效路径。第四，粮食专业生产合作社。粮食生产关系到我国粮食安全、食品安全问题，分散、小规模的粮食生产者在面临国际市场竞争中的劣势地位是明显的，贫困地区粮食生产收益较低，贫困发生率也相对较高，因此将欠发达粮食生产者组织起来组建粮食生产合作社，将有利于保障我国粮食安全问题，并提高粮食生产的收益率和附加值，提高农民种粮积极性并带动贫困农民致富。

6.1　基于农民社区扶贫合作社的低保与扶贫开发衔接模式

6.1.1　问题的提出

农村最低生活保障制度是我国扶贫体系中的基础制度，为家庭收入低于当地最低生活保障标准的农村居民提供生存经济保障。根据2015年社会服务发展统计公报："截至2015年年底，全国有农村低保对象2846.2万户、4903.6万人，全年各级财政共支出农村低保资金931.5亿元；2015年全国农村低保平均标准3177.6元/人·年，比上年增长14.4%；全国农村低保年人均补助水平1766.5元，比上年增长13.8%"。农村低保解决贫困人口的生存问题，扶贫开发解决贫困人口的发展问题，这是我国扶贫政策体系中密不可分的两个制度，要实现2020年全面脱贫目标，需要通过扶贫开发推进贫困人口自我生存、发展能力，因此农村低保、扶贫开发的有效衔接将是下一阶段我国扶贫工作的重点，在保障贫困人口生存的同时促进贫困人口发展。为此中央连续出台相关文件：2007年，国务院《关于在全国建立农村最低生活保障制度的通知》（国发〔2007〕19号）中指出："在最低生活保障制度实施后，仍要坚持开发式扶贫的方针，扶持有劳动能力的贫困人口脱贫致富。"2010年国务院办公厅转发扶贫办等部门《关于做好农村最低生活保障制度和扶贫开发政策有效衔接扩大试点工作意见的通知》（国办发〔2010〕31号）中指出："通过农村低保制度与扶贫开发政策的有效衔接，形成脱贫攻坚合力，对符合低保标准的农村贫困人口实行政策性保障兜底。"2015年，中共中央、国务院《关于打赢脱贫攻坚战的决定》中再次强调："实行农村最低生活保障制度兜底脱贫，尽快制定农村最低生活保障制度与扶贫开发政策有效衔接的实施方案。”2016年，国务院办公厅转发民政部等部门《关于做好农村最低生活保障制度与扶贫开发政策有效衔接指导意见的通知》（国办发〔2016〕70号）指出：“切实做好农村最低生活保障制度与扶贫开发政策有效衔接工作，确保到2020年现行扶贫标准下农村贫困人口实现脱贫。”低保与扶贫开发的衔接体现了贫困人口生存权与发展权的衔接，体现了扶贫工作中公平和效率的衔接，低保制度侧重公平，通过再次分配保护社会弱势群体，主要对象是欠发达地区的老弱病残等特殊贫困人口；扶贫开发则全面覆盖贫困人口和地区，注重效率的提升，以提高贫困人口收入为主要目标。那么在有限的财政扶贫条件下如何有效实现扶贫中公平和效率的衔接，低保与扶贫开发的衔接，以什么样载体衔接，具体路径是什么？这些问题都需要在理论和实践中进一步探索和研究。

现有的低保、扶贫开发工作已经取得良好的扶贫效果，有效减少了贫困人口的数量和贫困发生率，但是在政策实施过程中还存在着很多问题，如低保中瞄准率不高（韩华为、徐月宾，2013；高翔等，2016），错保、漏保、人情保、轮保（梁晓敏、汪三贵，2015；王辉、崔欣欣，2015；邓大松、王增文，2008），低保资金存在缺口，贫困人口收入难以确定、缺乏科学评估和核查制度、执行成本过高、农民满意度不高等问题（王增文，2010；贺雪峰、刘勤，2008；魏程琳、史源渊，2015；方菲，2012；刘晓梅，2010）；在扶贫开发中也存在着扶贫工作精准性较低，扶贫资金挪用，项目不接地气，扶贫资金使用分散、效率较低等问题（汪三贵等，2007；李小云等，2007；黄承伟，2016；课题组，2013；李丹、张侠，2015；赖玥、成天柱，2014）。这些问题的产生原因是多方面的，如低保、扶贫开发制度不完善，基层执行机构的政策变通，农户对扶贫政策认知不足等。本书认为其中重要原因是两个扶贫制度的孤立运行、政策执行机构不协调，信息不对称导致政策执行效率不高、扶贫目标产生偏差，两个扶贫制度缺乏衔接。所以低保和扶贫开发的有效衔接关系到我国扶贫制度执行效率，应让二者融为一体（向阳生，2013）。目前两个制度在运行过程中，在贫困对象识别、扶持措施以及管理环节等方面的衔接都不够充分（杜毅、肖云，2012），需要在理念、程序、政策、管理上进一步衔接（焦克源、杨乐，2016），充分发挥两种反贫困制度在农民可持续生计目标实现中的协同作用（王三秀，2010）。梳理现有文献，学者们对两个制度衔接的必要性已经形成共识，但具体如何衔接还缺乏系统性理论构建和推演；现有成果中政策、程序衔接研究较多，载体、管理衔接研究相对缺乏。本书从农民合作视角出发，以农民社区扶贫合作社作为低保、扶贫开发的衔接载体，并用公平、民主的合作原则保障二者管理、流程的衔接，在现有财政支出水平下提出整合扶贫资源、提高扶贫财政资金的使用效率合理化建议。

6.1.2　基于公平效率的合作与低保、扶贫开发逻辑分析

公平与效率一直是国内外学者关注的经济、社会问题，也是党和政府一直高度重视的问题。党的十八大报告提出："初次分配和再分配都要兼顾效率和公平，再分配更加注重公平。"习近平指出："如果不能创造更加公平的社会环境，甚至导致更多不公平，改革就失去意义，也不可能持续"。扶贫制度首先是出于公平的考虑，对社会发展的贫困、弱势群体提供制度保障，通过二次分配保障贫困人口的生存权和发展权。在扶贫中也存在公平与效率的问题，公平地对待不同贫困类型的群体，提高贫困人口的获得感、通过扶贫效率提升实现扶贫制度效用的帕累托改进。本书用公平与效率理论分析农民合作、低保、扶贫开发的内在逻辑关系，扶贫中公平与效率的有机结合需要不断进行制度、组织、管理创新。

6.1.2.1　农民合作社与扶贫逻辑关系

农民合作与扶贫有天然的密切联系，扶贫是农民合作社的本质属

性之一（刘宇翔，2015），农民合作社的本质就是将在市场竞争中处于弱势的、分散的小农联合起来通过组织化程度的提高获得规模经济、降低成本、提高市场竞争地位并获得在流通、加工等环节的利润。虽然国内外学者在扶贫是否是农民合作社主要目标方面的研究中存在不同观点，但是在农民合作社对扶贫具有积极意义，农民合作社是扶贫有效载体和途径这一观点上还是达成共识（李红玲，2014）。从合作社的目标、原则可以看出农民合作社有天然的溢贫功能，农民合作社的目标是为成员服务、提高农民收入，农民合作社的公平、民主原则保证了成员的主体地位，以农民合作社为载体的低保与扶贫开发衔接模式，也将致力于为贫困农民服务、提高贫困农民收入、推进扶贫事业发展。根据《中华人民共和国农民专业合作社法》第三条规定的合作原则："成员以农民为主体；以服务成员为宗旨，谋求全体成员的共同利益；入社自愿、退社自由；成员地位平等，实行民主管理；盈余主要按照成员与农民专业合作社的交易量（额）比例返还。"合作原则有显著的溢贫性，农民社区扶贫合作社将以贫困农户为主体，为贫困成员服务，自愿入社，享受平等权利和义务，实施民主管理，并享受盈余的二次返还。为了防止少数人控制合作社，第十七条规定："实行一人一票制，成员各享有一票的基本表决权。本社的附加表决权总票数，不得超过本社成员基本表决权总票数的百分之二十。"，这样限定了资本的控制权。将农民合作社作为扶贫的载体，运用民主管理制度管理扶贫开发的相关资源，有利于农民参与，并实现民主管理、民主监督。

由于扶贫事业具有较高公共物品性质、正外部性和公益性，因此，研究认为农民社区扶贫合作社与普通农民合作社的区别在于：适用范围、组建流程、社会慈善是否参加。农民社区扶贫合作社主要为了推进欠发达地区特别是连片贫困地区发展；不仅可以借助农业产业、农村发展政策、资源，而且可以整合政府财政扶贫资金和社会慈善资源，将更多外部资源引入欠发达地区扶贫事业中来。从公平与效率视角分析，农民合作社是兼顾公平和效率的，农民合作社的社会目标是为成员服务、关注社区发展、教育成员等，而不是追逐利润最大化，这些都体现了对成员的公平对待；农民合作社的经济目标是提高成员收入，体现效率的追求。结合农民合作社民主管理制度，将农民合作社作为扶贫的载体实现低保与扶贫开发的衔接，可以实现公平效率的有机结合，为成员带来稳定、可持续的经济收入，并实现低保、扶贫开发实施过程中贫困农户的民主参与、监督作用。研究认为农民社区扶贫合作社具有较好的正外部性，可以整合资源带动欠发达地区非成员、非贫困户收益的增加，并改善社区、当地生态环境。如图 6－1所示，合作社的社会目标和经济目标实现了公平效率的统一，以及与扶贫的天然联系。

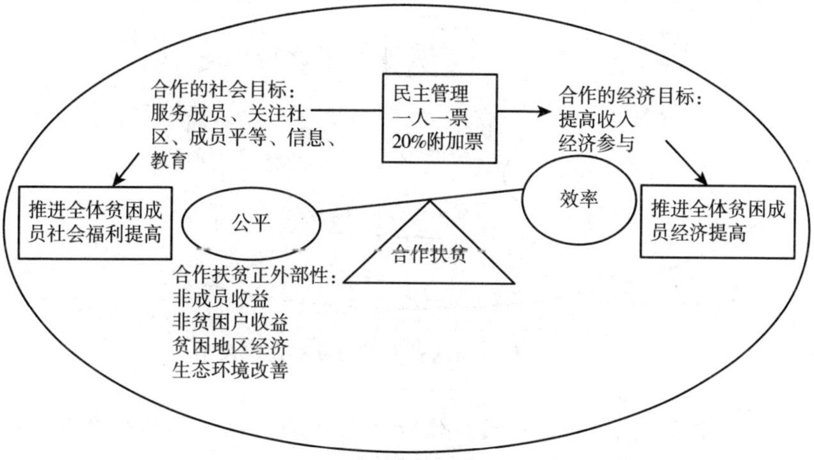

图 6－1　农民合作与扶贫逻辑关系

6.1.2.2　低保与扶贫开发衔接的逻辑关系

低保与扶贫开发是我国扶贫体系的一体两翼的关系（郭玉辉，2013），低保是基础保障起兜底作用，扶贫开发是发展起推动作用，二者紧密相关缺一不可；低保是扶贫制度的公平体现，而扶贫开发是扶贫制度的效率体现；低保是针对特殊贫困人口的保障措施，是特惠政策，扶贫是普惠性政策，针对贫困地区、贫困人口的全面覆盖。理论上低保是扶贫开发的一个子集，低保人群同时享有参与扶贫开发项目的权利，受到双重的扶贫政策覆盖。但目前二者政策执行的过程缺乏有效衔接，导致扶贫资源多头管理、缺乏统一规划，降低了扶贫资源的使用效果。从 2009 年起两个制度的衔接试点开始已经有 7 年的经验，但是具体运行中依然存在着很多衔接的问题，两个并行的扶贫工具的衔接需要一个有效的衔接载体，研究认为低保和扶贫都是减少我国贫困问题的重要途径，农民合作社与扶贫具有天然的密切联系，农民社区扶贫合作社可以作为低保、扶贫开发制度的衔接载体，并依此为基础实现信息、管理、政策等方面的对接，如图 6－2 所示。

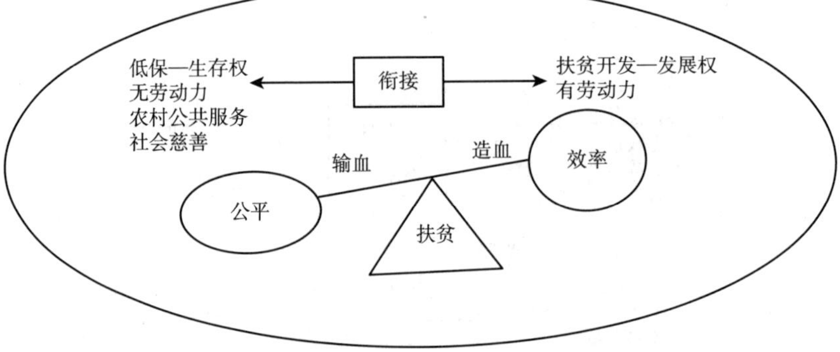

图 6－2　低保与扶贫开发衔接的逻辑关系

6.1.2.3　农民社区扶贫合作社为载体的低保、扶贫开发衔接的逻辑构建

《中共中央国务院关于打赢脱贫攻坚战的决定》指出：“低保是‘输血’扶贫开发是‘造血’，创新扶贫开发路径，由‘大水漫灌’向‘精准滴灌’转变；创新扶贫资源使用方式，由多头分散向统筹集中转变；创新扶贫开发模式，由偏重‘输血’向注重‘造血’转变；创新扶贫考评体系，由侧重考核地区生产总值向主要考核脱贫成效转变”。逐步解读中央的决定：第一，路径创新，我们要在扶贫攻

坚中不断创新路径和模式，整合相关扶贫资源实现内部动力的激励和扶贫工作“造血式”发展。第二，扶贫资源整合，农民合作社为载体的低保、扶贫开发衔接模式，符合中央关于扶贫制度创新的要求，通过创新扶贫模式、统一政策载体，整合低保、扶贫开发相关发展资源。第三，模式转变，低保制度体现公平、扶贫开发体现效率，二者结合实现公平效率的统一；用农民合作社民主管理的制度实现低保、扶贫开发政策实施的多元化监管，鼓励农户参与合作社管理。第四，考核体系创新，改革传统扶贫中家计统计考核体系以农民社区扶贫合作社绩效的增量为考核核心，有效降低低保、扶贫开发的政策执行成本。为了保障公平的同时提高扶贫开发效率，如图 6－3 所示，用农民合作的方式实现两个扶贫工具的载体衔接，扶贫政策的落实和执行由同一载体来具体实施，并由农民合作社的原则进行民主管理，充分尊重扶贫主体——贫困农户的意愿，并由贫困农户民主监督合作社社长实施扶贫开发的具体工作。政府、社会慈善机构提供扶贫资源，支付农民社区扶贫合作社前期运营成本，并雇用专业管理人员进行农民合作社管理运营，确认贫困农户在扶贫合作社中所有者身份和产权，在农民合作社发展成熟以后，由当地农户完全接管农民合作社，外部资源逐步撤离。

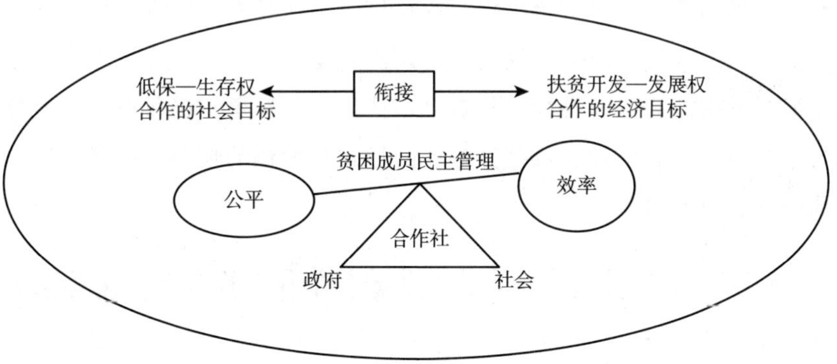

图 6－3　农民合作社作为低保与扶贫开发衔接的载体实现三者衔接

以农民社区扶贫合作社为载体实现低保与扶贫开发的有效衔接，即合作、低保与扶贫开发三者的衔接，要从以下几个步骤出发整合相关资源：第一，政策整合。以村为单位对低保、扶贫开发和农民合作社政策进行梳理，整合农民社区扶贫合作社发展的扶贫政策，统一发展规划。第二，资金整合。针对一定区域内的财政扶贫资金、社会慈善基金、农业发展资金、农民合作社项目资金、农户自有资金等进行整合，统一纳入农民社区扶贫合作社的银行账户，并按照规定比例分配于成员个人股份账号，一部分用于低保直接发放；另一部分用于扶贫开发项目的启动资金，扶贫开发资金作为合作社初始公共资本积累，平等分配于成员股份账户，但是不能提取，由社长运营扶贫项目获得利润后，成员依据股份、交易量分配利润。第三，扶贫人力资源整合。将政府工作人员、社会志愿者、当地农村精英、职业经理人、贫困农户等人力资源整合于农民社区扶贫合作社，成立农民社区扶贫合作社指导委员会，帮助贫困地区农户制订发展规划，并由农民社区扶贫合作社成员大会投票决策，为了保证项目的顺利运营建议雇佣职业经理人负责执行，并对成员大会负责，由监事会监督。第四，扶贫资产整合。贫困农户可以将土地、其他生产资料作为股份投入农民社区扶贫合作社享受资产经营和增值带来的收益，盘活农村资产。第五，考核标准、对象整合。统一统计口径、扶贫考核标准，以农民交易量、农民股份账户分红返利、农民满意度、农民就业量、服务质量等为主要指标，以农民社区扶贫合作社为考核对象，进行全方位监督与考核，如政府审计、第三方考核的形式，考核的核心是农民社区扶贫合作社绩效增量。

6.1.3 农民社区扶贫合作社为载体低保、扶贫开发衔接的制度构建

以农民社区扶贫合作社为载体实现低保、扶贫开发有效衔接，是对扶贫资源的优化整合，以统一政策为载体，提高扶贫资金使用效

率，减少多龙治水、科层消耗、资金挪用问题，提高扶贫的精准性。用第三方组织实施低保、扶贫开发政策，并以贫困农户为主体，以农民合作原则为主导，尊重贫困农户的意愿，结合政府、社会资源实施有效管理、监督、考核的模式。因此需要在农民合作社制度上进行创新，完善以合作原则为指导，低保为基础、扶贫开发为主要手段的农民社区扶贫合作社制度，包括成员平等的产权制度、公平民主的管理制度、多元化的监督制度、科学的扶贫考核制度。

6.1.3.1　农民社区扶贫合作社的产权设置

产权制度是农民社区扶贫合作社实现民主管理、发展的基础，通过明晰的产权设置让贫困农户了解到自己在农民社区扶贫合作社中可获得的预期收入，从而积极参与管理和监督。产权制度也是对低保、扶贫开发以及农村发展、合作社发展资源的整合。农民社区扶贫合作社的产权设置分几个方面：第一，低保账户。用于低保资金的发放保障低保群体的基本生活，作为政府转移支付的途径，便于成员的监督，民主管理，农民社区扶贫合作社也要有一部分利润分配于低保账户直接补贴低保群体。第二，合作社扶贫项目资金。这是不可分割的公共积累，用于合作社发展扶贫生产项目、社区建设，提供农村公共服务，如教育、环境保护、文化建设等，资金来源渠道是政府财政扶贫资金、社会慈善捐赠、每年的利润提成。公共积累是扶贫项目的启动资金，其未来产生的利润是可以分配的，是成员收入提高的重要来源，也是吸引成员加入、鼓励成员监督、合作社社区发展功能的重要保证。第三，农户的个人股份账户。以家庭为单位每一个家庭一个账户，每一个账户都是一个投票权，账户资产数额可以有所差异，每一个账户权利和义务是一致的。按照合作社原则限制资金的收益和管理权，成员可以投入更多个人资产到合作社获得更多分红，但是不能获得更多管理权限。每一个成员账户将平等分配农民社区扶贫合作社的所有资产，并合理划分到个人股份账户，从而获得农民社区扶贫合作社的运营收益、资产增值的收益。个人股份账户金额只能以此作为每年利润分红的凭据，提取年利润的分红和根据交易量的返还利润。个人股份账户的股份资产来源于政府扶贫项目资金、社会慈善事业、个人生产资料、土地、房产等资产，个人资产投入越多，利润分红也相对较多，但有一定的比例限制，具体比例由成员大会决定。政府和社会支持资金是公共积累，不能直接提现，只能分配农民合作社的利润。农民社区扶贫合作社中低保农户将有两个账户：一个用于政府低保资金发放账户，直接提取低保补助；另一个是家庭在合作社的股份账户，每年可以提取股份分红和交易额返还利润。

6.1.3.2 农民扶贫合作视角下低保评定

低保是兜底性扶贫，是扶贫的基础，因此低保评定是农民社区扶贫合作社的首要任务。现有农村低保政策在实施过程中，由于执行部门的执行成本过高、政策变通、缺乏有效监管和考核、农民收入难以有效统计、低保标准不统一、信息不对称等原因（何植民，2014；黄鹏等；2015），造成低保政策落实中存在一定的偏差，如错保、漏保、人情保。部分村民感到不公平，认为村干部执行不公平公开，将低保作为村治理的工具（梁晨，2013）。群众意见最大的是在低保线上下浮动，可保可不保的群体（耿羽，2012；寇浩宁，2015）。研究认为，低保政策的实施载体村委和贫困主体的信息不对称，是导致低保存在问题的主要原因，村委由于行政压力、人情压力将低保作为村治理的工具；由于信息不对称村民也难以民主管理、监督，最终导致低保政策实施的精准性不高，因此改进现有低保评定标准、补贴方式和载体将有利于改进低保政策精准性。首先，瞄准机制改革。中央明确将家计调查作为农村低保对象认定的主要方法，强调了“按户施保、按标补差”的操作原则和制定了低保对象审核审批的流程，但是农村低保对象的认定，并没有按照上级政策所规定的理想路线来执行（李振刚，2016）。研究将贫困农户分为五个类别：有劳动能力的贫困群体，有部分劳动力有直系亲属赡养的贫困群体，无劳动能力的但有直系亲属赡养的贫困群体，有部分劳动力无直系亲属赡养的贫困群体，无劳动能力无直系亲属赡养的贫困群体。本书认为分类限定身份瞄准机制的低保更有利于保障低保政策公平性和准确率，低保群体限定于贫困人口中没有劳动能力的且无人赡养的群体和部分具有劳动能力的且无人赡养的群体，老无所依、幼无所养、病残无靠的人群是低保的主要群体，并在此原则基础上，减少低保数量，提高低保标准。农村地区对于此类群体的信息熟知度也比较高，这个群体获得低保通常是群众认可度比较高、公平感、获得感较强的。而那些具有劳动能力和有所依赖的贫困群体则全部纳入扶贫开发制度中。低保群体的认定执行程序由农民社区扶贫合作社执行，并由全体成员监督、投票产生，由于农民社区扶贫合作社的部分盈利也将分配给低保农户，因此低保群体过多会造成成员分配利润的减少，这样提高成员对低保群体数量关注程度，用公平、民主的管理方式，实现低保人群的确定。避免村委执行低保政策的政策变通，提高低保实施信息公开度，鼓励成员以利益相关者的角度参与低保执行过程，提高民主、公平程度。农民社区扶贫合作社由职业经理管理，和当地并没有过多的利益往来，并由政府、社会、农户的共同监督。农民社区扶贫合作社为载体的低保制度可视为第三方机构执行，回避潜在的利益关系，让低保更加公平公开。

以农民社区扶贫合作社为载体的低保制度实施流程如下：农民社区扶贫合作社接受乡（镇）人民政府委托，接受户主提出的低保申请，并有初步推选候选人并由全体成员大会进行投票，报乡（镇）人民政府审核，报县级人民政府民政部门审批。低保资金由财政直接拨付给低保个人银行账号。以身份分类为瞄准机制，申请低保群体限定为有部分劳动力无直系亲属赡养的贫困群体，无劳动能力无直系亲属赡养的贫困群体，减少低保名额提高低保资助力度，将更多贫困人口和扶贫资源划拨到农民社区扶贫合作社的全面覆盖扶贫开发项目中。

6.1.3.3 农民社区扶贫合作社为载体的扶贫开发

在现有的扶贫开发中，扶贫项目存在精准性低、周期长、见效慢、不接地气、政府一扶就好、不扶就垮等问题（邢成举、李小云，2013）。这些问题的解决需要充分发挥当地贫困农户的主体积极性，利用当地农户的本土知识，结合政府、社会、专家、职业经理的建议，形成项目发展方案，并由成员代表大会集体决策，一个成员股份账户拥有一个投票权，通过决策以后，交由职业经理人实施，政府扶贫财政资金、社会慈善捐助、农户入股资产将作为农民社区扶贫合作社项目启动经费，并平等分配到成员股份账户，政府、社会、专家、农户组成监事会对职业经理人进行监督，并由政府审计部门、社会慈善机构、全体成员大会进行多元化的民主监管。这样扶贫开发工作交给了独立的第三方农民社区扶贫合作社运营，并由政府购买其扶贫服务，减少扶贫开发政策执行过程中基层政府的政策变通带来的不确定性，创新了扶贫开发载体，让贫困人口全面参与扶贫开发项目的制定、实施、监管、考核中，用公平、民主的合作社原则管理扶贫开发工作。政府不再是唯一扶贫开发主体，贫困农户、农民社区扶贫合作社将成为新兴的自我扶贫主体。由于低保群众的数量减少，更多资源将通过扶贫开发项目进入农民社区扶贫合作社，并以股份的形式平等分配到每个贫困农户的账户，成为未来预期收益的凭据，为了更好地保护自己的预期收益，贫困农户将积极加入农民社区扶贫合作社，并可投入个人资产以更多地获得未来的收益，贫困地区的富裕农户也可以加入农民社区扶贫合作社投入个人资产，但是要根据规定限定资金的回报率和管理权。

6.1.3.4 农民社区扶贫合作社的民主管理制度

民主管理是农民社区扶贫合作社基本管理制度，传统的“一人一票”将改为“一个账户一票”，一个贫困家庭只可以拥有一个账户，较富裕农户也不再拥有附加表决票，但可以在符合规定下投入更多资产获得较好的预期收益。在平等产权的基础才能实现真正意义上的民主管理，低保名额的确定，扶贫项目决策都有成员大会来投票表决，充分发挥贫困农户本地优势和主体地位。由于社会资本、教育程度、专业知识、利益纠结等因素，农民社区扶贫合作社初期的社长是雇用的职业经理人，降低低保、扶贫开发中过多本地利益关系带来的不利影响，将农民社区扶贫合作社视为独立的第三方被委托代理人。只有积极参与农民社区扶贫合作社管理和监督，成员才可以了解到自己的预期收益、账户的资产股份收益，保障自己的权益不受损失。

6.1.3.5 农民社区扶贫合作社的监督考核

为了保证农民社区扶贫合作社发展方向和资金使用效率，农民社区扶贫合作社采用多元化监督和科学考核方法，政府作为扶贫服务的购买者，可以通过审计部门对财务管理进行监督、扶贫部门对低保群体进行抽查；社会慈善机构可以追踪社会捐款的使用情况；当地农户可以组成监事会来监督合作社项目是否符合成员大会决策通过项目计划；政府、社会、农户、专家组成的专业指导委员可以监督项目实施进度和具体执行方案是否符合原方案，这样形成了多元化监督体系，保证了农民社区扶贫合作社的发展方向和低保公平实施、扶贫开发项目推进。在考核制度方面，不再偏重于贫困农户的家计调查，而是农民社区扶贫合作社运营以后给成员带来的增量绩效，如每年依据股份账户返还的分红，依据成员交易量为成员带来的家庭收入，成员服务的满意度，及农民社区扶贫合作社其他功能带来的整体效益和满意度。

6.1.4 农民扶贫合作模式的特征和功能

6.1.4.1 农民扶贫合作模式的特征

（1）第三方扶贫机构。

农民社区扶贫合作社是非政府组织，可视为独立第三方机构。以农民社区扶贫合作社为载体的低保、扶贫开发衔接是扶贫体系中的模式创新，统一低保与扶贫开发政策实施载体，在此基础上逐步形成低保与扶贫开发工作的管理对接、资金对接、人员对接、信息对接。农民社区扶贫合作社的所有者是全体成员——贫困农户、管理者是职业经理人，监督者是多元化的由政府、社会、专家、农户共同组成指导和监管体系，相对于传统单一扶贫的政府部门来说，农民社区扶贫合作社可视为独立运行的第三方扶贫机构。由政府购买农民合作社的扶贫服务，并针对特定区域内实现低保、扶贫开发的有效衔接，有利于保障低保制度的公平性、精准性，有利于扶贫开发项目的针对性、可持续性，避免原有低保、扶贫开发政策执行中由于相关利益者博弈产生的诸多问题，将低保、扶贫开发政策的执行让贫困农户全面参与，并监督执行，坚持公平、民主、公开的原则，提高贫困农户自我扶贫的积极性。

（2）贫困农户由被动变为主动。

在原有扶贫政策体系中，政府是单一的扶贫主体，贫困农户更多的是被动接受、被动参与的角色，以农民社区扶贫合作社为载体的低保、扶贫开发的衔接模式将改变贫困农户在扶贫事业中的地位，将被动变为主动，政府、社会提供的资源形成农民社区扶贫合作社的原始公共积累，只有积极主动参与农民社区扶贫合作社的管理，才能获得更多的预期收益，政府提供的低保资金将直接分配给低保群体，政府和社会提供的扶贫发展资金作为不可分割的公共积累不能直接分配、提取，只能分配公共积累产生的利润，想要获得更多的收入可以通过资产入股、在合作社就业、提高交易量的方式获得工资性收入和资产性收入。贫困农户想要公平获得低保和分享扶贫开发项目的更多收益，需要全面参与农民社区扶贫合作社的管理、运营并监督职业经理人的扶贫项目的实施情况，由被动变为主动，成为自我扶贫的主体。

（3）身份分类的瞄准机制。

以农民社区扶贫合作社为载体的低保、扶贫开发的衔接模式中，欠发达地区的贫困农民以身份类别获得低保；并参与扶贫开发项目，研究将贫困农户分为五个类别：有劳动能力的贫困群体，有部分劳动力有直系亲属赡养的贫困群体，无劳动能力的但有直系亲属赡养的贫困群体，有部分劳动力无直系亲属赡养的贫困群体，无劳动能力无直系亲属赡养的贫困群体。低保将瞄准无劳动能力无人赡养和有部分劳动力无人赡养的贫困群体，二者的标准将依次降低。在农村乡土熟人社会中，由于本地信息较为透明，这样两种类别人群获得低保是可以获得多数村民认同，而且这两类人群很容易产生极端贫困的问题，低保将集中于这两类人群，保障他们生存权利。欠发达地区所有农户将纳入农民社区扶贫合作社扶贫开发项目中，自愿加入自由退出，每一个家庭将拥有一个股份账户，并平等获得农民社区扶贫合作社所有资产的股份收益权，虽然平等分配的资产股权不可分配、提现、转让，但是可以继承并作为未来合作社经营收益的分红凭证，政府、社会、贫困农户、专家、职业经理人等多元化主体为贫困农户构建一个可持续的预期收益载体，即农民社区扶贫合作社。

（4）不可分割的公共积累。

农民社区扶贫合作社的资产主要来自政府财政扶贫资金、社会慈善捐助和农民自筹资产，其中，政府和社会的资金将作为不可分割的公共积累，农民自有资产可以退出时返还。政府、社会的支持将作为原始公共积累，农民社区扶贫合作社管理者将经营这些公共积累并获得合作社的利润，公共积累在账面上平等分配给所有成员，不能变现，只能作为成员未来收益的凭据，不可分割的公共积累是农民社区扶贫合作社发展的基础，吸引成员参与合作社、入股合作社、参与管理、监督合作社的基础，也是农民社区扶贫合作社开展服务社区功能的基础。没有政府、社会投入的公共积累，也无法调动贫困人口积极参与扶贫项目、监督低保实施的积极性，这也是引导社会资源进入贫困地区农业、农民合作社发展的风向标，激励贫困人口自我扶贫的有效措施。

（5）公平民主的管理。

以公平、民主原则执行低保、扶贫开发政策，关键在于成员的参与管理并对农民社区扶贫合作社运营的监督，这样才能有效保障低保群体产生的公平性，成员对当地知识的熟知程度高、成员积极参与低保制度实施，可提高低保制度的准确性。虽然农民社区扶贫合作社的“一户一票”，民主管理、全员投票决策的管理方式决策效率较低，但是能够充分保证决策结果体现了大多数成员的意愿，实现低保、扶贫开发中贫困农户参与的主动性，满足贫困人口的自我发展需求。

6.1.4.2 农民扶贫合作模式的功能

农民社区扶贫合作社是以扶贫为主要功能的组织，主要包括低保和扶贫开发政策的实施，低保政策是满足特殊贫困人口的生存需求，扶贫开发政策是推进贫困人口的全面发展需要。从具体功能上来说，农民社区扶贫合作社，综合性合作社是以当地农村主导产业为基础，发展农业生产、生活、销售、金融合作为前期主要功能，并逐渐开展以贫困地区发展为核心的住房、教育、关注社区、公共服务、文化合作等功能。贫困成因是复杂的，包括经济贫困、心理贫困、文化贫困、教育贫困、环境贫困等多方面的原因，欠发达地区贫困人口逐步脱贫，实现可持续发展达到小康生活，需要从多方面改善现有的贫困地区的整体环境。从短期来看，提高贫困人口经济收入、建立收入稳定增长的载体是农民社区扶贫合作社的主要功能；从长期来看，提高贫困人口教育程度、身体素质，脱贫以后可持续发展、防止返贫等都是农民社区扶贫合作社的远期功能。农民合作社不是万能的，只能根据成员的需要，在自我生存、良性发展的基础上，基于自我盈利能力逐步扩展更多的服务功能，为实现 2020 年全面脱贫起到重要的推动作用。

6.1.5 农民社区扶贫合作社为载体低保、扶贫开发衔接模式的发展建议

6.1.5.1 低保、扶贫开发衔接的制度保障

虽然中央反复强调低保、扶贫开发衔接的重要性并连续出台相关指导意见，但是要具体的政策执行层面还需要进一步落实，为二者有限衔接提供必要的制度保障。第一，明确扶贫载体，明确农民社区扶贫合作社在扶贫工作的载体地位，实现载体的衔接，构建第三方扶贫组织；第二，规划衔接，一定范围内低保、扶贫开发规划的衔接，现有贫困地区特别是连片贫困地区具有一定经济、地理的类似性，可以根据经济、生态、地理、人口特征一定范围内实现跨区域扶贫规划，合理统筹既定范围内统筹低保、扶贫开发、农民合作财政资金，整合多部门、社会资源形成合力；第三，流程衔接，改革、创新现有低保、扶贫开发政策实施流程，让农民社区扶贫合作社成为基层第三方扶贫政策执行的组织，并实现多元化监督，实现低保制度以身份类别为瞄准机制，提高扶贫精准度；第四，考核衔接，实行农民社区扶贫合作社效益的增量考核，减少家计考核的不准确性和高成本；第五，资金衔接，明确农民社区扶贫合作社载体地位以后，针对特定区域内各部门资金可以直接拨付农民社区扶贫合作社账户，并由审计部门监管，形成政府、社会、农民、专家多元化的监督机制，政府需要有一定的预算支付职业经理人的工资，加大扶贫中人力资源成本考虑；第六，管理衔接，由职业经理人管理农民社区扶贫合作社，负责日常事务，负责低保群体的认定和扶贫开发项目的执行，接受政府、社会、农民、专家组成的指导委员会指导、考核，对成员代表大会负责，并接受监事会以及多元化监督机制监管。

6.1.5.2 财政扶贫资金导向下的社会资源引入

欠发达地区贫困人口的发展需要发展当地优势产业，经指导委员

提出规划方案、成员大会形成决策以后，政府扶贫资金使用要优先发展当地特色优势产业的扶贫项目，如旅游产业、特色农业、手工业、服务业等，提高贫困人口的就业率，以农民社区扶贫合作社为载体推进当地优势产业的发展，并带动社会资源进入当地优势产业形成产业集群，充分发挥政府投资的乘数作用。

6.1.5.3 贫困人口的扶贫政策教育与技能培训

信息不对称是扶贫工作中的重要问题，信息闭塞也是主要的贫困成因，所以需要通过农民社区扶贫合作社对成员进行扶贫政策的教育和宣传，让贫困农户充分了解国家的扶贫政策和农民社区扶贫合作社的目的、意义，提高低保、扶贫开发政策透明度，定期举办政策和技能培训班，开办合作社培训学校，宣讲国家扶贫政策的同时，培养农民社区扶贫合作社发展中需要的本地人力资源，逐渐培养现代职业农民。

6.1.5.4 农民社区扶贫合作社顶层设计与可持续发展

新型农民合作社在我国经过30多年的发展已经初具规模，农民合作社数量呈爆发式增长，但是农民合作社整体质量和对农民真正的带动作用还有待进一步提升，目前农民合作社中还存在发展不规范、虚假合作等问题，但是农民合作社对农村经济的推动、农户与市场的对接重要推动作用已经充分体现，因此，构建我国新型农民合作社发展体系是现阶段农民合作社建设的重要工作，也是必经历程，需要政府在解决“三农”问题的政策框架中，科学制订农民合作社的顶层设计，逐步规范、合并、淘汰现有不规范的合作社，实现农民合作社的联合发展，实现合作的规模经济。

农民社区扶贫合作社是全面脱贫工作中阶段性、临时性的组织机构，2020年我国全面脱贫以后，农民社区扶贫合作社也就转变为农民合作社，可以归纳到我国农民合作社体系中。因此，在构建我国农民合作社发展体系中，针对欠发达地区的农民社区扶贫合作社需要制订一些特殊的支持政策，并在全面脱贫以后继续支持这些农民合作社发展，渐进地让农民社区扶贫合作社转变为农民合作社，给欠发达地区贫困农户构建一个可持续发展、可持续创造稳定收入的组织机构，降低返贫发生率。

6.2　农村集体产权改革视角下乡村旅游合作社模式的重构

6.2.1　问题的提出

近年来乡村旅游成为旅游业发展的热点，连续 3 年的中央“一号文件”都提到推进乡村旅游的发展，乡村旅游发展不仅刺激国内旅游消费需求，而且带动农村经济发展、农民收入提高，为农村扶贫事业提供新的途径。2017 年中央“一号文件”再次指出：“大力发展乡村休闲旅游产业，鼓励农村集体经济组织创办乡村旅游合作社，或与社会资本联办乡村旅游企业。”乡村旅游合作社逐渐成为农民参与旅游业的新形式，全国多地的乡村旅游合作社有效带动了农民参与乡村旅游业发展，如北京顺义、山西太古、四川北川等。乡村旅游合作社通过组织、管理、培训有效地提升了农家乐的经营规模和服务质量，避免当地村民间同质化旅游服务的恶性竞争，提高当地村民在旅游业的参与度和家庭收入。但现有的乡村旅游合作社大多是基于“农家乐”等简单旅游服务项目的合作，经营范围和参与程度还处于旅游产业链中的较低层次，农民依然无法参与旅游项目的整体经营、规划、管理，无法参与较高层次的旅游产业链条、分享更多乡村旅游带来的收益，“旅游飞地化”问题的依然存在。通过多个案例的跟踪和研究，本书认为乡村旅游合作社可以作为社区、村民与外来资本沟通的中介，并以农村集体经济作为原始资本积累和谈判的筹码，提高旅游开发中农民利益的保障力度和主体地位，以及产业链的参与层次。我国政府正在致力于推动的农村集体经济产权改革，为乡村旅游合作社重构提供新的路径，2017 年中央“一号文件”明确鼓励用农村集体经济资产来发展乡村旅游合作社。以农村集体经济资产建立乡村旅游合作社，将推动乡村旅游合作社的升级和重构，让当地农民作为所有者、使用者、受益者的多重身份分享更多乡村旅游的经济收益，而不是局限于旅游产业链的低端层次。

目前，国内对乡村旅游合作社的研究相对较少，认为乡村旅游合作社有产权维护、风险规避、降低交易成本、减少矛盾、规范经营、扶贫的作用（陈娅玲，2006；马翀炜，2009；易开刚、俞富强，2010；杨方义，2005），可提高农民在市场中的谈判地位和抵御风险能力（牛君仪，2014），合作社将成为乡村旅游发展主要的组织形态（胡敏，2009；赵霞，2014；周永广等，2009）。但是现有乡村旅游合作社发展不规范，要从产权制度、管理机制、治理结构、服务意识等方面改进（刘涛，2012），乡村旅游合作社可在营销、培训、指导、争取政策资金方面发挥更大作用（李玉新等，2013），并从效率和公平、信任方面提高社员对合作社的满意度（王昌海，2015）。乡村旅游合作社作为村民、社区与外界资本沟通的中介，必将影响农民社区旅游发展路径，保继刚、孙九霞（2008）认为需要凸显村民社区在旅游发展中的主体地位，政府、当地社区、旅游企业和旅游者需要规范自己的行为（魏敏、颜亚玉，2008；王华等，2015），从制度上保障村民的权利实现旅游增权（马东艳，2014；陈海鹰，2015）。现有乡村旅游合作社的研究侧重概念、作用、模式、问题的研究缺少深层次的机理分析；局限了乡村旅游合作社在旅游产业链中的地位，将农民与乡村旅游合作社参与范围置于“农家乐”等较低层次的旅游产业链中；在与外来资本的对接中缺乏制度创新，无法有效保障农民的权益，导致农户利益被侵占。如何提高村民主体地位、旅游增权是促进乡村旅游合作社可持续发展的重要保证，而农村集体经济资源的引入为农民旅游增权提供新的实现路径。

国内学者对农村集体经济发展进行了深入的探讨，但对于农村集体经济如何推进乡村旅游的发展的研究还是相对缺乏。农村集体经济具有农村社会稳定的政治功能、资产保值、农民增收、农村公共服务的功能（黄红华，2004；周润书、程守红，2013），是增加农民财产性收入的有效途径（田代贵、马云辉，2015）。目前农村集体改革中的主要问题有清产核资不规范、产权界定和股权分配不公平、存在暗箱操作、股权封闭、政经不分、市场主体地位不明等结构性的问题（罗丹、吴孟珠，1998；董江爱、张毅，2016）。因此，《中共中央、国务院关于稳步推进农村集体产权制度改革的意见》中指出“农村集体经济组织是集体资产管理的主体，可以称为经济合作社，也可以称为股份经济合作社。”农村集体资产可结合当地旅游产业实现集体经济的发展和增值，带动农民收入增长；对乡村旅游合作社来说，农村集体资产的注入提高自我生存发展的能力，提高与外来资金谈判地位，并实现了当地村民所有者、使用者、管理者、受益者的主体地位，推进当地村民间接参与到高层次旅游产业链中，有利于减少“旅游飞地”问题的发生。在农村集体产权改革的视角下，将农村集体经济资产的引入可实现乡村旅游合作社的重构，将乡村旅游合作社作为农民间接参与旅游产业发展的代理人，可实现当地村民、外来资本利益的协调、共赢的乡村旅游合作社发展模式。

6.2.2　乡村旅游合作社案例和机理研究

6.2.2.1　乡村旅游合作社内涵

按照《中华人民共和国农民专业合作社法》规定：“农民专业合作社是在农村家庭承包经营基础上，同类农产品的生产经营者或者同类农业生产经营服务的提供者、利用者，自愿联合、民主管理的互助性经济组织。”乡村旅游合作社则是以旅游产业为依托，以旅游服务为主要产品的合作，相对于农产品生产的农民专业合作社是新的合作类型，主要区别于经营的产品差异和由此带来的管理差异。乡村旅游合作社的运营是遵循农民合作社的原则。近几年乡村旅游合作社的快速发展证明了农民旅游合作的强大生命力和适应能力，所以对旅游理论和农民合作理论来说新兴的乡村旅游合作社具有重要的研究价值。乡村旅游合作社属于农民专业合作社的范畴，但它又因自身的经营特点而具有一定的特殊性，所以本节对乡村旅游合作社定义为："以合作为原则，在农户家庭经营的基础上，依托当地旅游产业，联合经营旅游产品和服务的提供者，是自愿联合、民主管理的互助性经济组织"。乡村旅游合作社的经营目标是通过联合、规范经营提高当地旅游产品和服务竞争力、树立旅游目的地品牌形象，为成员服务，增加成员收入、保障成员收益最大化；管理和经营方式坚持合作社的原则，通过共同所有和民主管理的形式，来满足成员经济、社会和文化方面的共同需求，着重强调当地村民联合的自愿性、管理的自治性、权利的民主性和分配的公平性，以开展旅游项目开发、旅游接待服务、经营旅游产品为主业，实现发展共赢。目前，大多数乡村旅游合作社仅有3~5年的时间，成立时间短、规模小、发展不成熟，农村集体资产还没有进入，存着很多管理和运营的问题，本节的研究将推进乡村旅游合作社重构和发展。

6.2.2.2 乡村旅游合作社发展的案例分析

案例："黄水人家"乡村旅游专业合作社

"黄水人家"乡村旅游专业合作社是重庆市首家乡村旅游专业合作社，2011年7月23日正式挂牌成立。借水库移民机会由政府主导，农民自愿，共89户入社，782个房间，床位1340张，容纳1500人同时就餐，"黄水人家"实行"统一规划布局、统一形象标识、统一接待用品、统一宣传营销、统一服务标准、统一管理培训、统一评分定级、统一提取收益"的标准化运行和管理模式。

到2012年合作社共接待游客食宿8.6万人次，实现收入620万元，户均收入6.9万元，拉动相关产业链年新增收益超过3000万元以上，直接吸纳了422人就业。管理方面，合作社组建以理事会、社员代表、群众代表为主的评定工作组，从硬件设施、服务态度、合作精神、违纪情况等方面制定了30个指标依据评分结果将社员评定为1～3A级，以此为标准确定最高限价（148元～228元）；对评分不满60分的社员实行限期整改或清退处理。社员每录入登记上传一个客人的信息后，提取2元的收益；合作社通过经营接待中心浆洗部、休闲茶座、土特产超市等渠道提取收益；所提收益在保证专业合作社的管理运行支出后，用于社员分红或完善设施。渠道方面，积极与各旅游景区对接保证客源；建立合作社形象系统，通过各大媒体进行传播，并建立自己的网站，统一管理保证产品品质和竞争力。在政府主导下，“黄水人家”的传播力度也很大，短期内树立了乡村旅游合作社的品牌形象。“黄水人家”乡村旅游专业合作社的案例是政府主导，分散经营的模式，通过资源内外部整合、统一管理、品牌打造、强化营销等方法，迅速推进乡村旅游的发展带动农民收入的提高，政府在财政、战略、管理中发挥中引领作用，社员分散经营自负盈亏，这就是基于家庭独立经营的合作，将农村集体资源包括土地、房屋、品牌等有形和无形的资产与农户个人资产有机整合，将移民安置、休闲农业和乡村旅游协调发展，用合作社原则引导和管理，保障农民在旅游开发中的权益。

在本案例中，我们可以发现一些经验：第一，政府和村干部在乡村旅游合作社中起到重要的引导作用，也说明了政府主导在乡村旅游发展的重要地位。第二，比较重视农民旅游增权，将村民整体纳入旅游发展规划中，统一管理；以农民为主体，成员是组织的所有者和使用者、受益者，乡村旅游合作社的目标就是实现成员利益的最大化，为成员服务，其管理者主要来自成员内部，能最大限度地保护成员权利。第三，统一、规范管理。由于经营规模限制和经营产品的同质化，经常造成农家乐的恶性竞争（孟铁鑫，2014），乡村旅游合作社统一经营农家乐（阳宁东、邓文，2012），避免恶性竞争，维护了乡村旅游的市场秩序。乡村旅游合作社的成员是所有者、经营者、受益者集合体，为了景区的可持续发展成员会反对过度开发、环境污染的行为。第四，政策、资金、人力、品牌等资源的有效整合。旅游资源整合包括自然资源、文化、品牌、管理、政府、市场、企业资源等（廖秋林等，2012；周杨，2009；张晓明等，2009），乡村旅游合作社代表社区大多数农民利益，可以将当地旅游产业与新农村的建设有机结合起来，以乡村旅游合作社为载体可以有效整合各种支农资金，集中力量发展旅游产业，用于从业农民的培训、乡村旅游的基础设施及接待设施的改造，景区与乡村旅游合作社的整体形象可以有效结合，充分体现当地农俗风情文化，有利于景区的旅游市场开拓和品牌塑造，旅游目的地的整体形象得到提升。

6.2.2.3 乡村旅游合作社发展的动力机理

乡村旅游合作社具有强大的生命力和适应能力，说明这种农民自发的组织形式适合农业旅游发展需要，分析其内在的动力机理主要可以分为三个部分：政府诱致性动力、消费需求驱动力、内源发展动力，如图 6－4 所示。

（1）政府诱致性动力。

对于政府来说，推动区域经济发展、提高农民收入是长期的目标，所以政府具有强烈动力推进乡村旅游业发展（李乐京、陈志永，2007）。旅游产业具有较强的辐射和带动作用，乡村旅游是统筹城乡发展的重要渠道，解决“三农”问题的重要路径之一（单新萍、魏小安；2008），所以政府具有开拓者、规范者和协调者的作用（张洪，2008）。在乡村旅游快速发展的趋势下，政府需要对有农业旅游资源的地区整体规划、统一管理，实现生态和文化的保护。这就需要一个中介组织帮助政府与农民的有效对接，节约政府的交易费用，将政府的发展意图和规划，有效与农民沟通、加快规划的实施效率。在农业旅游发展的过程中，政府需要将相关农村发展资源与农民自有资源有效整合，提高各种渠道支农，使资金的有效利用形成合力，而乡村旅游合作社无疑是一个良好的载体和桥梁。

（2）消费需求驱动力。

陶玉霞（2015）认为，乡村旅游的本质是乡土—人性结构的回归与重建，是由社会心理方面的因素形成的新旅游消费需求（刁宗广，2006），乡村旅游拉力由乡村文化、农事活动、乡村环境和乡村娱乐构成（张一等，2014）。消费者希望逃避充满各种污染的城市环境和单调而紧张的城市工作和生活，消除身心的疲劳和紧张情绪，达到放松身心、恢复自己的体力和精力的目标。体验民俗文化、回归乡村、亲近自然也是乡村旅游需求主要因素，而从文化体验视角，村民生活本身就是乡村文化生活的主体。此外，消费者还要追求品牌和服务，在旅游目的地的选择中，多种因素会对消费者行为产生影响，旅游地的品牌和服务质量是影响消费者决策的重要因素。乡村旅游合作社通过标准化、统一经营可以树立乡村旅游的品牌，通过培训提高旅游从业者的专业素质，以达到提高品牌和服务质量的要求，比分散经营的“农家乐”具有更多优势。

（3）内源发展动力。

乡村旅游开发对村寨现代化具有积极的推动作用（仇学琴，2008），当地居民是旅游目的地形象传播的重要受众之一（李海娥、熊元斌，2016），也是旅游文化的体现。内源发展动力源自于农民提高收入的需要、归属感需求。通过乡村旅游合作社的发展，农民从旅游业中获得了更高的收益，剩余劳动也从农业向旅游服务业转移，社区发展也随着景区的发展得到改善，农业和旅游业得到有机的结合，而弱小经营者的合作发展是当地村民的内在经济和心理需求，合作社满足农民经济发展的需求，同时消除内部恶性竞争、实现了市场的有效开拓。从心理需求来看，合作社满足公平、民主的需要，增强农民的集体感和归属感，通过贫富差距的缩小，增进村民间的信任，实现社区的和谐发展。

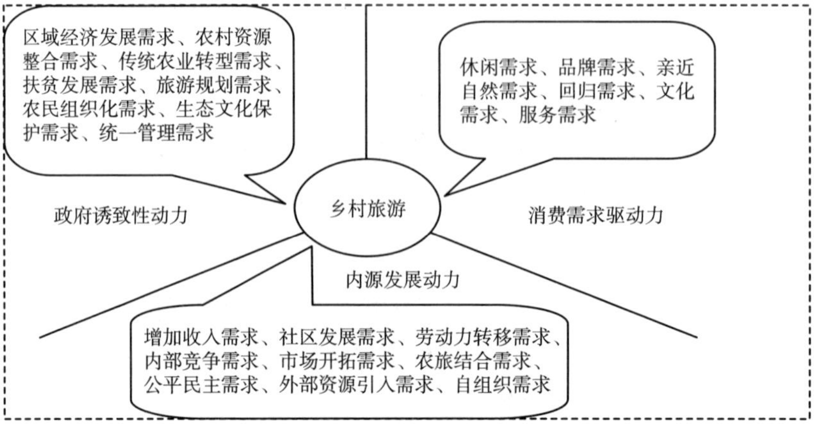

图 6－4　乡村旅游合作社发展动力机理

6.2.3　农村集体产权视角下乡村旅游合作社的制度重构

现有乡村旅游合作社在理论和实践中都处于旅游产业链中较低的层次，如以“农家乐”为主的旅游服务、旅游纪念品的销售服务等，当地村民在旅游业发展中的参与度较低，大多是作为被动的接受者，在整体规划、管理、利益分配中被忽视，只能获得旅游产业链低端的收益，当地村民所有者、受益者的主体地位没有体现。外来资本获得大部分旅游开发中的利益，并随着旅游目的地发展利润快速提升，逐渐拉大与当地村民收入增加速度，引发二者的矛盾。旅游产业开发中过度重视外来资本的作用，是乡村旅游发展中普遍存在的问题，并由此引发了当地村民与外来资本的长期矛盾，不利于乡村旅游的可持续发展、农民收入的持续增长。乡村旅游“飞地化”成为国内多个景区的普遍问题，并引起了当地村民对外来资本的不满情绪，利益分配不平等引发了村民与景区矛盾激化甚至影响到景区的正常经营，造成景区整体旅游形象受损、村民与外来资本共输的局面，如 2011 年河南万仙山、2014 年四川峨眉山、江西婺源李杭古村、珠海飞沙滩度假区、2016 年融水双龙沟景区、2017 年陕西少华山等都出现过当地村民与景区的矛盾爆发、村民堵路的情况。这些矛盾的根本原因在于村民与景区开发者没有形成利益共同体。为了解决这一问题，本节对多个案例进行了深入的访谈，研究认为“旅游飞地”问题的根本原因是旅游资源产权不明确、当地村民权益没有保障、缺乏与外来资本对接的路径创新，导致外来资本对当地村民利益的侵占，二者无法形成利益的共同体。国内学者也从多个角度对这些矛盾进行了深入分析，赵悦、石美玉（2013）以及张辉、成英文（2015）认为，旅游开发中三大矛盾有保护与开发的矛盾、开发主体之间的矛盾、利益相关者之间的矛盾，村民、社区、政府、开发者等相关联利益者需要构建协调发展的平台和机制（陈才，2000；朱竑，2005；王凯，2005；梅青等，2009；刘涛、徐福英，2010）。本书认为在农村集体产权改革背景下重构乡村旅游合作社的发展机制，提供了当地村民与外来资本协调发展的基础；乡村旅游合作社可以作为社区、村民与外来资本沟通的中介，并以农村集体经济作为谈判的筹码，提高旅游开发中农民利益的保障力度和产业链的参与层次。

6.2.3.1　产权制度重构

农村集体产权制度改革为乡村旅游合作社重构提供新路径，农村集体产权制度改革是为了让农民享受到经济发展的成果，通过产权制度改革和分配，明确当地村民对农村集体经济所有权比例，并通过利润分配制度稳定提高财产性收入，实现当地村民收入的稳定增长。在具有旅游资源和开发潜力的乡村可以将农村集体产权改革与乡村旅游合作社发展结合起来，将农村集体资产交由乡村旅游合作社经营，并通过合作社与外来资本的对接实现乡村旅游发展的多元化路径，达到农村集体经济的发展和增值目的，有效提升旅游业对当地村民的带动作用。

（1）会员制度。

农村集体经济凝聚了几代居民的劳动，因此以乡村旅游合作社为载体经营农村集体经济资产的制度重构中首先要明确会员资格，根据国内农村集体经济改革经验和《意见》要求，会员应包括现有户籍的村民以及曾在当地做出贡献且迁出户口的居民，根据户籍和农龄来确定会员资格，对于特殊贡献的人群需要通过全体成员大会给予一定的股份安排，对于不满 18 岁的当地村民股份减半。会员资格确定以后股份不在随人口变化而改变，成员股份可继承、转让，并享受每年的分红，股份的转让和继承内部成员具有优先权。会员门槛的设置是为了更好地保护当地村民的利益不受侵犯，杜绝外部资本控制的可能，并保证公平对待内部成员。成员股的设立也为外来资本进入和退出提供了路径的保证。

（2）产权制度。

清晰公平的产权制度是农村集体经济改革的目标，在会员资格确立以后，所有当地农村集体经济资产将政府、农民联合监督第三方机构进行资产评估，并公平确定成员股份。为了不产生遗留问题，将不设立集体股，有关公共服务和支持的预算，由全体成员大会投票表决。成员根据资格规定获得股权，并享有一定比例的分红权益。为了鼓励成员的经济参与，成员可以追加对集体经济的投资，以现金和个人资产的入股方式，提高股份比例获得更多的预期分红，这样也满足乡村旅游合作社发展初期对流动资金的需求。在产权量化分配以及成员资金入股以后，原有的农村集体经济资产将由乡村旅游合作社经营，并根据个人分配标准和资金投入量确定，每个成员在总资产的比例作为未来分红的依据。产权制度重构以后，成员会清晰地了解自己对集体资产的所有权和未来收益分配权，产权制度是鼓励成员参与的管理基础和有效手段，只有成员积极参与合作社管理并实时监督合作社资金、项目运营情况才能有效保障股金增值和预期分红，如果乡村旅游合作社被少数人控制，自己的收入则会受到侵害。

6.2.3.2 民主管理制度重构

虽然不同成员在乡村旅游合作社中的股份有所差异，但是乡村旅游合作社坚持民主原则，采用“一人一票”的民主管理方式作为基本的管理制度，18岁以上的成员都有参与合作社管理的权利和义务。合作社内部重大事项都要通过“一人一票”集体决策，保证合作社运营中体现成员的主体地位和意愿，如合作社社长的选举、监事会成员的选举、旅游项目的发展规划、资金投入、外来资本的控股比例等。合作社日常事务由管理层负责，并由监事会监督。民主管理的意义在于限制资本在合作中收益和管理权，合作社的根本目的是提高成员收入、为成员服务而不是为资本服务，只有民主管理才能体现大多数成员的真正意愿。民主管理是成员参与合作社发展的有效途径，可以提升成员的经济参与意识、管理能力和合作意识，成员还可以通过竞选来担任合作社内部的工作岗位，在获得财产性收入的同时增加工资性收入。成员参与合作不仅是追求经济收入的提高也是追求一种组织的归属感，归属感需求越强与组织交流的频率也就越高，因此建立沟通机制从精神上与成员保持密切关系是非常必要的，如果在精神上不激励成员的合作意识就很难保证成员的忠诚度和对组织的信任程度，所以沟通机制也是民主管理的重要组成。乡村旅游合作社要建立合理的激励和惩罚制度对成员进行管理，包括鼓励成员多元化投资、鼓励参与管理、对管理者的激励、对服务进行星级评比、适当的惩罚措施等。

6.2.3.3 分配制度重构

农村集体产权制度改革是农村经济中“统、分”层次的有机结合。在“分”的层次中，家庭经营依然是合作社的基础，农户依靠提供旅游服务数量、质量获得家庭经营的收益，合作社对旅游服务进行规范和质量监督确保成员的规范经营；成员可在合作社中工作获得工资性收入。在“统”的层次中，乡村旅游合作社依托农村集体资产如土地、房屋、道路、无形资产等实现与外来投资的结合实现经营性收入，这些收入以成员股份比例进行分配。由于成员资格和股份的确定都是由全体成员大会“一人一票”集体决策，因此，可实现对多数人的公平，而且民主管理对资本的限制作用，成员股份不会有太大的差异。乡村旅游合作社是服务性合作社可以纵向、横向一体化发展，纵向扩展旅游业前后产业的延伸，向旅游纪念品开发、旅游节事互动打造、旅行社、餐饮、住宿、会议、零售等；横向扩展多元产业如信用合作、生产合作、消费合作、养老合作、住房合作等，成为综合性的合作社，进一步扩展乡村旅游合作社的经营收益。

6.2.3.4 农民参与旅游产业链路径的重构

目前，农民在旅游产业链中的参与层次也较低，外来资本处于强势的经济和谈判地位，很多旅游目的地发展规划中并没有重视当地村民的主体地位，整体规划中缺乏对当地村民利益的保护与可持续增收计划，甚至在某些环节侵占当地村民利益，村民在旅游业发展中是现有规划的被动接受者，没有公平、合理地享受旅游业发展带来经济、社会收益，反而要承担交通拥堵、环境恶化、物价提升等负面影响。这些问题的根本原因在于农村集体经济产权模糊、农民处于经济上的弱势，地方政府对于外来资本的过度重视，分散、弱小的农户与大规模外来资金的对接中无疑处于劣势地位，而且个人维护权益的交易成本较高、时间长，一般农户也难以承受，因此外来资本往往获得旅游开发的大部分收益甚至侵占一部分当地村民的利益。

在农村集体产权改革视角下，乡村旅游合作社将作为当地村民的整体代表，经营当地农村集体经济资产，根据《意见》规定“农村集体资产包括农民集体所有的土地、森林、山岭、草原、荒地、滩涂等资源性资产，用于经营的房屋、建筑物、机器设备、工具器具、农业基础设施、集体投资兴办的企业及其所持有的其他经济组织的资产份额、无形资产等经营性资产，用于公共服务的教育、科技、文化、卫生、体育等方面的非经营性资产。”乡村旅游开发中除了自然风景资源外，当地村落、村民生活、农业生产、旅游目的地的无形资产都可以作为农村集体经济资产，将这些有形资产和无形资产交由乡村旅游合作社运营，当地村民以合作社为载体间接进入旅游产业开发，将极大提高乡村旅游合作社的整体经济实力和谈判地位，可在与外来资本对接中争取更多的利益。以乡村旅游合作社为载体可实现旅游目的地村庄的旅游发展资源的整合，将农村内部资金、土地、房屋、劳动力、无形资产等内部资产量化评估，作为参与乡村旅游业发展的原始资本，并平等分配股权给当地村民。内部资源整合以后乡村旅游合作社可以根据自有资金情况、通过多种途径实现与来资本的对接：第一，以乡村旅游合作社总资产入股景区管理公司，获得分红后再按照内部股份返还成员。第二，以乡村旅游合作社发展为中心进行旅游规划，公开向社会发布旅游发展项目实现融资计划。第三，通过内部融资、贷款、信用合作作为景区发展启动资金，并逐步、分批融资有序开发景区经营项目；乡村旅游合作社处于控股优势地位，并整体把握景区开发的进度。第四，乡村旅游发展往往结合国家扶贫工程，农村、农业发展工程，可以充分利用、整合政府财政支持资金，实现旅游目的地“整村推进”的模式再结合外来资本的助推，实现乡村旅游的协调发展。

以乡村旅游合作社为载体对接外来资本，具有以下特点：第一，体现当地村民的所有者、受益者的主体地位，提高当地村民的经济地位和谈判地位，有利于争取更多旅游产业链中的利益。第二，以乡村旅游合作社为载体降低政府、企业、当地村民间的交易成本，有利于保护当地村民权益。第三，农村集体资产可以充分利用、增值，保障农民收入的可持续增长；随着旅游目的地经济发展，农村集体资产也逐渐增值，成员也将获得更多财产性收入。第四，扩展旅游业融资的多元化途径，旅游开发项目投资金额较大，旅游项目融资往往集中于大企业，以乡村旅游合作社为载体的乡村旅游项目开发可以化整为零，按照规划逐步、分割投资项目和降低投资门槛，吸引更多社会主体以众筹、PPP 等途径参与，确保乡村旅游合作社的主体地位。第五，有利于景区的可持续发展，社会资本的目标是最求利润最大化，往往会有过度开发的冲动，而乡村旅游合作社目的是景区的可持续发展、成员的收入可持续增加。

6.2.4 农村集体产权改革视角下乡村旅游合作社模式重构的建议

6.2.4.1 乡村旅游合作社成为农民、集体利益的代表

在农村集体产权改革中，当地村民是农村集体经济资产的所有者和受益者，需要在党的领导下坚持当地村民的主体地位，以民主管理原则实现成员对农村集体经济资产的所有权和分配权。为防止少数人控制、防止股权被虚置并体现大多数村民的意愿，实现乡村旅游合作社与村委会的分离，农村集体经济经营管理事务和村民自治事务的分离。乡村旅游合作社在我国还是一个新生事物，在实践中存在许多问题，如少数能人控制和“虚假”合作等，因此乡村旅游合作社发展需要政府的管理、支持与帮助，只有坚持当地村民的主体地位，用民主管理的原则管理合作社，才能真正推动乡村旅游合作社规范化建构与运作，保障农民权益最大化，实现为成员服务、提高成员收入的经济目标，以及促进乡村社区可持续发展的社会目标。民主管理是实施需要当地村民的积极参与、了解乡村旅游合作社发展和农村集体产权改革的作用，并建立相关民主管理制度。因此，首先，需要充分发挥基层党委的宣传作用，让农民充分了解国家政策和改革意图，推动农民主动参与农村集体产权改革进程和乡村旅游合作社发展；其次，建

立当地村民参与和意见表达的途径，用第三方机构来协助、监管农村集体产权改革和乡村旅游合作社重构；最后，建立由政府、农民、投资企业、第三方机构共同组成的监督机构实现多元化监督机制，农民成员占有 1/3 以上的比例。第三方机构可以由专家、咨询机构组成，用于指导乡村旅游合作社发展，提供智力支持和咨询服务，起到一个内部公关的作用，引导乡村旅游中利益相关者的对话和交流，分析各方需求的差异和矛盾产生的根源，进而解决矛盾，实现当地村民与外来资本利益的统一，进而为景区的长远发展和规划达成共识，实现二者利益的双赢。

6.2.4.2　基于农村集体经济的旅游政策、资源整合

农业、旅游业、文化产业的融合发展是乡村旅游合作社可持续发展的重要保证，文化产业与生态观光农业相结合，为游客增加丰富多彩的娱乐活动和旅游产品，可树立独特农家文化品牌，打造特色农业产业，增强乡村旅游合作社吸引力和竞争力。乡村旅游合作社是一个综合性合作社，除了旅游业产业链的延伸提高成员经济收入外，还可以横向扩展到其他行业金融合作、消费合作、生产合作等，实现旅游业带动三次产业的融合发展，为农业剩余劳动力向第二、第三产业的转移提供更多本地的非农就业机会。乡村旅游合作社发展实质是对农村经济资源、社会资源、人文资源的整合，也是对政策、资金、人力资源的整合，政府部门要整合各类支农资金，共同支持农业旅游项目发展，以乡村旅游合作社为载体，整合各类扶贫资金、各类旅游项目资源、各种支农资金和社会帮扶资金等资源，争取更多国家资金扶持，鼓励群众自主增加投入，协调农信社等信贷部门，吸引民间资本流入，多方面资源形成合力，促进当地旅游项目的开发。在旅游业发展初期，政府具有重要的推动作用，对乡村旅游合作社给予资金、税收、土地等方面的优惠政策，在启动资金、市场宣传费、农户改造、小额贷款贴息等方面提供有力支持；承担乡村旅游的公共设施建设、

旅游规划编制、区域旅游营销等方面的管理服务职能，为乡村旅游发展提供良好软环境；加强对合作社财务管理工作的监督，全面掌握和监测农村集体产权改革、农民合作社的财务状况及经营情况，特别是对财政扶持项目资金要进行重点审计，并将审计结果向合作社成员和相关部门公示。

6.2.4.3 乡村旅游合作社职业化管理

旅游目的地和乡村旅游合作社的经营需要专业化管理，当地村民社会资本和知识结构还不能有效接管景区和乡村旅游合作社，因此建议在有条件的地区雇佣职业经理人管理。但是目前我国的农民合作社整体还处于初级阶段，对管理者人力资本的回报率比较低，现有合作社管理者主要有村干部、相关机构代表、农村经纪人、回乡的打工者、回馈家乡的企业家、农村党员、大学生村干部等一些农村精英，虽然很多管理者在初期雄心勃勃，但是长期激励机制的匮乏会导致管理者的热情难以为继，合作社将失去核心领导处于涣散状态。在农村集体产权改革背景下，为了吸引职业经理人或本地农村精英到乡村旅游合作社任职，可以结合股权激励、工资激励、荣誉激励等方式。从长远来看，合作社管理者最重要的主体是当地村民，但当地村民专业知识和文化素质不高，管理合作社有一定的困难，因此要在提高村民专业素质的同时培养合作的意识和管理才能，为乡村旅游合作社长期发展提供必要的人才储备，也是乡村旅游合作社可持续发展的重要保障，虽然农民培训是一个长期的过程，但这个过程是必不可少的。

6.3 农村集体产权改革中农民社区综合模式的发展研究

6.3.1 问题的提出

改革开放以后，家庭承包经营为基础、统分结合的双层经营体制成为我国农村基本经营制度。在“分”的层次中家庭承包经营在改革开放初期充分释放了农村生产力，提高了农民生产积极性，推动了农村经济发展；但在“统”的层次中农村集体经济逐渐衰弱发展普遍滞后，双层经营体制中“统”和“分”两个层面的机制没有协调发展。目前我国正处于传统农业向现代农业的转型中，家庭承包经营依然是我国农业的发展基础，但是分的过细导致土地的细碎化和“统分”不协调，家庭经营的“小散乱”问题严重阻碍了规模化、集约化的现代农业发展，也限制了农民进一步增收、农村公共服务发展，过于分散的家庭经营方式在一定程度上已经阻碍农村生产力的发展，因此统分协调的农业经营机制将是下一阶段我国现代农业经营制度的改革方向，如何实现“统”和“分”两个层面协调发展是本节尝试解决的问题，研究从农民合作视角，出发推进农村集体经济创新与发展。

农村集体经济是发展农村经济和实现农民共同富裕的重要物质基础（施晓琳，2000），农村集体经济是农民集体的财富，对农村经济发展、农民收入提高、农村公共服务供给都有重要的推动作用，然而我国大部分农村中集体经济管理机制不健全，农村集体经济日益衰落，没有发挥应有的作用，为此政府一直致力于推进农村集体经济制度的改革并取得一定的成效，但是在具体支持政策、可操作方案上还需要进一步完善。2016 年 12 月中共中央、国务院发布《关于稳步推进农村集体产权制度改革的意见》（以下简称《意见》）再次推进农村集体经济管制机制的改革“探索农村集体所有制有效实现形式，盘活农村集体资产，构建集体经济治理体系，形成既体现集体优越性又调动个人积极性的农村集体经济运行新机制。”并突出了农村集体经济发展对农民收入提升的作用，“增加农民财产性收入，让广大农民分享改革发展成果。”《意见》明确鼓励股份合作社作为主体经营农村集体资产，“农村集体经济组织是集体资产管理的主体，是特殊的经济组织，可以称为经济合作社，也可以称为股份经济合作社。”农民合作社以提高成员收入、为成员服务为主要目标，是民主管理的组织制度，体现成员所有者、受益者、使用者的主体地位，是现代农业经营的主体之一，可有效促进农民与市场的有效对接，对于市场中分散经营、弱势农户具有降低交易成本联合发展的作用。根据《意见》制定的改革目标、原则，农村集体经济改革中“为谁管理”的问题已经解决；“谁来管理，如何管理”的问题还需要进一步细化研究，本节认为农民合作社将是农村集体资产经营的有效载体，但是在具体的管理制度构建和运营上还需要结合我国国情进一步探讨。本节以农民社区综合合作社为核心构建农村集体资产经营体系，并以合作原则推进农村集体产权制度改革，有利于盘活农村集体资产、政经分离、多元共治监管以及农村集体资产与资本市场的对接。

6.3.2 文献综述

农村集体经济改革一直是农村经济发展中的热点问题，国内学者对农村集体经济改革从多个角度进行了研究，总结现有文献可分为以下几个视角。

（1）农村集体产权制度改革中存在的问题。

农村集体经济是社会主义公有制经济的重要形式，但是目前农村集体经济在农业生产、经营、分配等方面宏观调控能力逐渐弱化（段龙龙、张樱，2013），存在清产核资不规范、产权界定和股权分配不公平、存在暗箱操作、法人治理结构形同虚设、股权封闭、政经不分、市场主体地位不明等问题（罗丹、吴孟珠，1998；卢文，1999；郑风田、赵淑芳，2006；赵全军，2008；徐增阳、杨翠萍，2010；李增元，2014;），村干部有寻租、偷懒、精英牟利、贿选等行为（安慧，2011；方志权，2014；杨亚，2016；张建等，2016）。此外，股权流动性差、集体股份的设置和比例问题也一直受到质疑（梁燕雯，2008），而且农民参与意识不足、缺乏有效监管（粘凌燕，2014；冯卓、詹琳，2014），其中产权量化程度低与产权分布不合理是问题的根源（志新，2006）。现有改革中的难点有缺乏总体设计、基层干部缺乏主动性、缺乏明确的市场主体、缺乏能经营管理的人才（杨新元等，2015），所以农村集体产权制度改革必须以保护农民集体经济组织成员权利为核心（张红宇，2016），构建明晰的产权动力机制、完善的内部治理机制、有效的分配激励机制、良好的外部保障机制等（邵彦敏、冯蕾，2014）。

（2）国内成功案例的模式和组织形式。

温铁军等（2008）提出社区内全体成员共享产业或地租收益的经验。在东部经济发达的地区中，有些地市的农村集体经济产权改革中取得较好效果，形成几种具有代表性的模式可以借鉴推广，如温州的"三分三改"（王敬尧、李晓鹏，2012；马永伟，2013），苏州以全面推行农村"三大合作"即社区股份合作、土地股份合作、专业股份合作（张晖，2015），苏南模式（刘水长，2000），广文街道李家庄村的案例（王志刚等，2014），松江农村模式（李宽、熊万胜，2015），这些成功的案例合理确定成员边界，考虑农龄和土地份额搭配，全部资产量化到人。在保障公平、效率的同时实现了资产增值，也为其他地区农村集体产权改革提供了经验。

苑鹏、刘同山（2016）认为新型集体经济要以成员自愿为原则实现劳动联合或资本联合，起到了社会安全阀的作用（杨宏翔等，2005），建议改集体股为个人股、股权设置改无偿为有偿、改封闭式股权为流动股权（刘笑萍，2005）。也有学者认为村社区性集体经济可由村民委员会直接管理（郑有贵，2003）。农村集体经济可取消对集体资产股权流转交易的限制（黄延信，2015），将集体经济组织改造成地区性合作经济组织（郭庆海，2015）。农业部农村经济体制与经营管理司调研组（2013）发现新型集体经济组织的"三会"治理结构是集体经济有效实现形式。

（3）土地制度改革的研究。

土地制度是农业经营的基础，农村集体经济产权改革中必然要求对土地制度的改革。我国现行农村土地产权制度承担着农村就业和社会保障等社会公共政策功能，土地被异化为“准公共品”（刘荣材，2007），存在产权主体模糊、产权界定不明晰、关系不清、权责混乱、管理机制乏力、承包经营权权能残缺等问题（王环，2005；徐莉、车茂娟，2005；杨振强、杨秋宝，2008；胡细英，2009），导致农村土地资源配置低效、农民权益受损问题较为严重（曲福田、田光明，2011）。郭晓鸣（2011）认为中国农村土地制度创新要沿着产权分割、产权明晰、产权流动的路径推进，就是土地要素逐步市场化过程（许经勇，2008）。刘辉、曾福生（2014）提出，从土地确权、重构产权、创新模式、土地资产化和优化分配机制等方面拓展农村土地承包经营权权能，农村土地产权制度改革主要通过交易和分工效应影响农户收入水平和结构（刘俊杰等，2015），在追求利润最大化的同时，也更应注重农民个体福利的实现和提升（徐建春、李翠珍，2013）。叶兴庆（2015）认为应鼓励签订长期流转合同，使经营者有稳定的预期。袁方成（2013）认为社区制取代村委会制是当前中国农村社会结构的根本性变革，而其中最重要的是以村庄土地集体所有制为基础的社区产权的改革。

梳理现有文献，学者们清晰深刻地分析了农村集体经济发展中存在的问题，并以委托代理理论、交易费用理论、农户行为理论、博弈论等为基础探讨了深层次的原因，并提出针对性的建议和多种农村集体经济发展组织形式，如现代股份制企业、农民股份合作社、土地股份合作社、农村集体经济产权交易平台等，有效推进了农村集体产权制度改革理论和实践的发展。农民合作社也是农村集体经济有效的组织形式之一，但是现有研究中偏重于经济发达地区，对中、西部地区研究的相对较少；从综合性合作社视角分析的相对较少，缺少系统性、整体性的农民合作社与农村集体产权制度改革的对接研究；农民合作社作为农村集体经济发展的可持续载体，还需要构建全国性、系统性的农民合作社发展体系，将农村集体经济资源与国内外市场有效对接，推进“三农”资源的整合，实现农民全面脱贫、农村社区综合发展、农民持续增收、现代农业的转型。

6.3.3 农民社区综合合作社的界定与必要性

6.3.3.1 农民社区综合合作社的界定

从《意见》可以看出，农民合作与农村集体产权制度改革原则、目标、管理制度具有高度的一致性，因此，以农民合作社作为农村集体经济的载体是符合农村集体产权改革的方向和趋势，符合农民利益和现代农业发展需求，但是从我国农村集体经济发展实际情况和我国农民合作社发展的实际情况看，农村集体产权改革涉及面广、问题多、人员多、情况复杂；而我国大部分农民合作社发展还不规范、经济实力弱小、存在虚假合作、管理效率不高等问题，现有的农民合作社的经营体系和管理机制还不能完全、有效地承担农村集体产权改革的重任，需要在现有农民合作社的管理机制上进一步创新，以适应农村集体产权制度改革的需要。

农民社区综合合作社是农民合作社的一种，但是与生产性、服务性合作社有一定的区别，在前人研究基础上，本节对农民社区综合合作社的内涵进行界定：“农民社区综合合作社是以具有本社区户口的所有居民为成员，以本社区的集体资产和成员入股资金为发展基础和经营对象，实行民主管理，追求成员福利最大化的互助性经济组织”。农民社区综合合作社有以下几个特征：第一，成员资格有一定限制不再是自由加入，只有本社区户口或者为本社区发展做出贡献的迁出户口的居民才有资格；第二，发展基础是本社区的集体资产包括有形资产和无形资产，并吸收成员的股金作为启动资金；第三，农民社区综合合作社功能是多元化的，不仅仅是农业生产，而且根据成员发展需要可以涉及教育、社区服务、金融、养老、医疗、保险等方面，全面覆盖社区成员的生产和生活是一个综合性合作社。

6.3.3.2 发展农民社区综合合作社的必要性

（1）农村集体产权改革中农民的新型代理人。

农村集体经济发展与改革是一个系统的、复杂的工程，如何保护农民在农村集体经济发展中的权益，是政府和学术界非常关注的问题。让全部农民直接参与农民集体经济改革从理论和实践的角度都是不现实的，需要创新一个载体，作为农民参与农民集体经济改革与发展的代理人。农民社区综合合作社坚持民主、公平的合作原则，农民具有所有者、使用者、受益者、监管者的多重身份，能够有效保护成员利益，是理想的农民利益的代理人。合作社中可以设置党支部，坚持党的领导、方针、政策，保证一切以成员福利最大化为目标。从目前农村人力资源情况看，大部分农村缺乏能够有效管理农村集体经济的人才，将农村人力资源与经济资源有效整合的前提下，雇用职业经理进行管理是解决农村人力资源缺乏的途径之一。

（2）“三农”资源的有效整合的载体。

我国政府一直致力于推进“三农”问题的解决，农村集体经济改革也是为了进一步提高农民财产性收入。为了解决“三农”问题，多个政府部门出台相应的支持政策、财政资金，如扶贫、教育、社保、医疗、农业基础设施建设、农业贷款等，形成了多龙治水的局面。对于农村社区来说，这些资源缺乏统筹，整体的使用效率还有进一步上升的空间。农民社区综合合作社可以根据成员需要对社区发展做出整体规划，统筹农村社区内部发展资源和政府资源，实现资源整合的规模效应和资金使用的针对性。

（3）推进我国现代农业发展主体之一。

农民合作社、家庭农场、农业企业是我国现代农业经营的三大主体，农民合作社可以分为专业型和综合型两种模式，综合型农民合作社以社区为基础，实现农民合作社在不同产业中的横向扩展，在社区发展农业生产、农产品加工、农业旅游、农民金融合作、农民培训、社区文化、住房合作、消费合作社等多个产业，在合作社能力范围内实现成员福利最大化，这样体现了合作社原则的，实现为成员服务的目标。综合型合作社也是现代农业发展的重要主体，与专业型合作社互为补充，为专业合作社发展提供有力资金支持和本地销售市场支持，有利于农民合作社的产品销售和生产区域垄断。

6.3.3.3　农民社区综合合作社与农村集体产权制度改革内在的逻辑关系

1995 年 9 月，国际合作社联盟 100 周年代表大会，明确规定了合作社的 7 条原则："入社自愿和开放办社、社员民主管理、社员经济参与、独立性与自主性、教育、培训与信息、合作社间的合作、关注社区。"2016 年 12 月中共中央、国务院《关于稳步推进农村集体产权制度改革的意见》中，制定了农村集体产权制度改革原则："把握正确改革方向、坚守法律政策底线、尊重农民群众意愿、分类有序推进改革、坚持党的领导"。通过二者原则的比较可以发现，农民合作与农村集体产权制度改革具有高度一致性，第一，农民合作社是为成员服务，提高农民收入，当成员主体是农民时也就是为农民服务，而农村集体产权制度改革的出发点和落脚点是维护发展广大农民的根本利益，持续提高农民收入。第二，集体经济与农民合作中公共积累具有同样的功能，二者都是成员未来收益的保障，并按照成员需求提供公共服务。第三，尊重农民意愿、民主管理，只有民主管理才能充分保障农民的合法权益，合作中的"一人一票"、民主管理原则，充分调动成员参与管理的积极性，成员也只有积极参与管理才能保证集体经济不受少数人控制。第四，农民合作社具有多种组织形式，可以根据农民需要开展多种类型、多种功能的合作社，如经营单一产品为主的农民专业合作社，或多元化经营的综合性合作社，或基于社区的农民社区合作社，或基于土地经营权的土地合作社。第五，农民合作社可以作为社会主义公有制产权制度的载体，以股份合作、劳动合作、产权合作作为集体经济的具体组织形式，通过民主管理发展壮大农村公有制经济。

从农民合作社与农村集体产权制度改革治理机制上比较，二者也有高度的一致性。第一，农民合作社也是“统”与“分”的有机结合，“分”是农民以家庭经营作为合作的基础，尊重农户个人产权和经营权，“统”是合作社对家庭经营的农产品进行统一经营，包括生产、销售、物资购销、技术、生产信贷等，农民合作社指导农户生产而不是替代农户生产，否则可能增加经营成本降低价格竞争力。第二，二者在产权设置上具有类似的制度设计，农民合作社成员具有平等产权结构，限制资金的收益、管理权，农村集体经济产权改革中规定成员边界以后，成员拥有公平的产权，并以此为基础产生管理和受益的权利。第三，民主管理，“一人一票”的民主管理制度是二者最大的共同点，虽然在实践中“一人一票”实施过程中往往受到外在因素的干扰，而且管理效率较低，但是能真正实现农民的真正意愿，保证集体经济健康发展。所以需要在党的领导下，加大对农民宣传引导，实现政经分离后，民主管理将在农村集体产权制度改革发挥重要作用。第四，二者的功能具有高度一致性，农民合作社具有提高农民收入服务农民的功能，包括合作社的经济目标和社会目标，这与农村集体产权制度改革的功能是一致的，农村集体经济在除了引导农民增收以外，还需要农村社会公共服务、农村公共物品提供上发挥重要的作用，虽然在经济发达地区如城中村，农村集体经济的社会服务功能可以弱化，但是在现有财政收入条件下农村公共服务存在一定的资金缺口，更多农村地区的集体经济还是要承担部分公共服务的功能。在合作社的具体功能设置中，消费、生产、金融、购销、教育、信息、社区发展等功能与农村集体经济的功能具有高度的重合性。

通过农民合作社与农村集体产权制度改革的原则目标、治理结构、产权安排、功能的比较，我们可以看出，二者具有高度一致性和天然的耦合关系，农民合作社可以作为农村集体经济发展的有效载体，但农村集体产权制度改革是个复杂的、系统的工程，农民合作社也要进行相应制度创新，不能完全重复国外合作社发展路径和体系构建，因此，本节提出农民社区综合合作社的模式，将成员限制在社区边界内，通过户籍和农龄作为标准界定社区农民合作社成员，并以此确定成员相应的股份，通过对农村集体产权的量化公平分配成员股权，实现“一人一票”的民主管理方式，雇用职业经理人管理农民社区综合合作社，并按照成员需求构建合作社的功能结构，不同地区功能结构可以有所差异，最终实现农村集体经济增值和农民的持续增收。

6.3.4　农村集体产权改革中农民社区综合合作社构建

6.3.4.1　产权制度构建

农村集体资产包括资源性资产、经营性资产、非经营性资产，根据《意见》“资源性资产、经营性资产量化到户，而非经营性资产不宜折股量化到户”。公平的产权制度是农民所有权、管理权、收益权的基础，也是农民社区综合合作社民主管理、农民权益保障的基础。现有农村集体资产将用农民社区综合合作社接管，推进村民委员会事务和集体经济事务、人员分离。为避免村委与农民社区综合合作社经济权利的纠纷、村干部寻租等问题，合作社的管理层与村干部不能兼任。根据现有农村集体经济改革的经验，取消集体股设置，将所有资产平等分配给所有成员，有利于避免二次产权纠纷。

在产权制度构建中，第一，要明确成员边界，考虑到历史和现实各方面因素，农村集体经济发展凝聚了很多人的付出，虽然有些人已经不再具有社区户籍，但是依然考虑到这些人对农村集体经济发展贡献，根据《意见》规定要综合考虑多方面因素，可以借鉴上海、温州、成都、苏南模式中的有益经验，将农龄和户籍统一考虑，规定一定期限内户口变动的情况来确认成员资格，公平地对待对集体经济有贡献的群体如户口迁出人口、外嫁女等达到效率和公平的统一。第二，成员确定以后，召开全体成员大会，选举合作社临时负责人和监事会，负责农村集体资产的量化，防止少数人控制和集体资产的流失，在民主监督下聘请权威的资产评估机构，对资源性和经营性资产进行评估，并按照成员大会通过的规则平等量化每一个成员账户中，无形资产则有农民合作社接管经营。第三，成员根据账户股份获得未来的股份分红，股份确定以后不再调整，不随人口变化而变动可继承和流转，但是农民社区综合合作社成立初期，需要限制股份流转范围，防止外来资本对合作社控制，当合作社正常运营以后，可通过优质资产的上市实现与资本市场的对接，为农户提供退出机会。第四，土地制度改革方面依然坚持家庭承包方式承包的集体土地，农村承包土地经营权流转不得改变土地集体所有性质，不得违反耕地保护制度。出于现代农业的发展需要，鼓励土地流转优先临近的农户，鼓励农业大户和家庭农场适度扩展土地规模，降低地租收入，减少土地二次流转的动力，鼓励农户长期经营农业并向职业农民转变。

6.3.4.2 管理制度构建

农民社区综合合作社的管理基于合作社民主管理原则“一人一票”，不设附加票降低资金对合作社控制权。成员大会是合作社最高权力机构、成员大会选举合作社监事会和社长，根据我国目前农民合作社发展情况，建议在经济允许的条件下雇用职业经理人作为农民合作社的社长，并负责合作社日常管理，对监事会和成员大会负责。合作社中层及以下管理人员由社长任命，以当地农民为主增加当地农民的本地就业机会，也为合作社未来发展提供储备人才。合作社的重大事项如社长的选举、重大投资项目、资源性资产的承包、租赁，经营性资产出售、抵押、社区服务和公共产品的支出、公共积累的提成比例等都要由全体成员投票通过。农民社区综合合作社是多元共治的监督机制，作为农村集体经济、社会主义公有制经济的代理人，合作社需要接受党和政府的监督，如成员界定、产权确立、管理行为等方面，由审计部门进行财务监督；作为农民个人资产的代理人，成员需要通过民主管理的方式进行监督，并通过监事会和成员大会表达成员个人诉求；为了防止农民合作社的异化、少数人控制的问题，农民合作社体系中需要构建“官员、专家、农民”组成指导委员会进行管理上的指导，避免农民合作社偏离合作轨迹、精英俘获、资本控制等问题；多元共治的监督机制是合作社民主管理重要保障，也是农民维护权益的制度支持。

6.3.4.3 功能结构

农民社区综合合作社功能结构依赖于成员需求，所以对于不同地区的合作社功能结构是具有较大差异的，但最基本的功能是农村集体资产的增值和分红，为农民增加财产性收入。如城中村的合作社利用现有资产出租、投资实现成员收入增加；农村地区的合作社功能则更加广泛，综合性合作社要全方位服务于成员的生产、生活，因此农民社区综合性合作社需要具备消费、生产、购销、金融、教育、社区服务、法律咨询等功能，通过农村集体资产的有效利用建立附属的合作社或者农业企业为成员提供服务，每个附属子合作社独立运营并为社区综合合作社提交部分盈利作为全体成员的分红，成员可以根据自己的需要加入不同的合作社获得所需社会服务，综合性合作社统一指导附属子合作社的发展和运营，并优先雇佣本地农民作为合作社的工作人员。

6.3.4.4 社区综合合作社发展体系构建

以村为单位的农民社区综合合作社是一级的合作社，这样的合作社数量众多但经济实力弱小、覆盖面窄，虽然以提高农民财产性收入为目标，合理分配了农村集体资产，但是未必能有效应对整个社会、市场环境的变化，实现资产持续增值和农民持续增收，因此在全国范围内构建支持农民合作社发展体系是非常必要的，这样有利于整合全国范围内农民合作社发展资源，有利于不同地区农村集体资源的互补和协作发展，并推进农民专业合作社在全国范围内的纵向一体化发展。农民合作社发展体系是指从中央到地方的合作社扶持体系，由村、县、省、中央四级合作社构成，农民合作发展体系是指导机构不是管理机构。以村为单位的一级合作社正常运营以后，以县为单位构建二级合作社，形成合作社的合作或联合发展，二级合作社负责县域内农民合作社协调发展，如生产合作社的联合、农村公共服务的共享与投资、农村教育服务的扩展等，弥补一级合作社地域狭小和资金短缺的问题；二级合作社在省级范围内可实现三级合作，三级合作的主要功能是金融合作相当于合作社的银行，将成员与合作社存款由三级合作社运营，防止农村资金的外溢，只有合作社或合作社成员才能够从合作社银行获得贷款，资金封闭运营减少农民贷款的风险、成本和难度，金融合作是合作社发展的基础和重要保障，三级合作社还可负责政府财政支持的优惠贷款等业务。四级合作社由政府、专家、农民等成员构成，是推进合作社发展公益机构，主要功能是与政府共同搭建农民与政府沟通的桥梁、通过调研提出农民合作社发展政策建议，不以盈利为目的，对全国的农民合作社发展提供规划、策划、评估、信息服务，收入渠道是政府财政补贴、会员会费、咨询服务收费、期刊收费等，可以为基层合作社解决人力资源缺乏、科研力量不足、农业技术推广方面的问题。

6.3.4.5 农民社区综合合作社的组织优势

农民社区综合合作社是农村集体资产多种经营方式之一，具有较好的组织优势。第一，以合作原则管理农村集体资产，更具有公平性和民主性；减少村委行政过多干预，避免少数人控制，提高成员管理地位，更有利于保障村民利益。第二，从资源整合角度，以农民合作社为载体的功能扩展，可以充分整合农村集体经济的多种资源实现，并实现合作社联合发展互为补充。第三，民主管理制度，可以激励农民积极参与合作社管理，只有参与管理才能更好实现个人权益，并获得稳定的工资性收入。第四，权利与户籍的分开，农村集体资产确权分配并由合作社运营以后，成员的权利和户籍可以分开，即使成员户口迁出依然可以享受到基于股权的分红，并可以在资本市场转让，合作社享有优先购买权，成员继承人可继承并享有相同权利和义务。

6.3.5　农民社区综合合作模式发展建议

6.3.5.1　全国农民合作社发展体系的构建

农民合作社是现代农业经营主体之一，农民合作社发展体系的构建相当于以农民合作社为基础的现代农业经营体系的构建，虽然农民合作社是未来农业发展的趋势，但是从我国目前农民合作社发展情况看，农民合作社数量众多但是质量较差，现有农民合作社规模、管理绩效、农户影响力方面还有待于提高，政府还需要加大合作社的支持力度。农民组织化程度的提高有利于我国农产品供需平衡、价格稳定、提高食品安全和粮食安全水平；有利于农业剩余劳动力向二三产业的转移，提供农民的工资性收入；有利于农村居民的全面脱贫和可持续增收。农民合作社发展体系的构建，第一，要明确农民合作社的法人地位和多样性，如专业性合作、综合性合作社、金融合作社等组织形式，用法律规范农民合作社发展；第二，加大农民合作社信贷支持，降低农民合作社融资成本和难度，提供资金支持；第三，侧重宏观制度创新，减少基层政府的行政干预，提高农民合作社独立性；第四，建立农民合作社总社“自上而下”的为基层合作社提供政策、智力的普惠性支持，指导初建、弱小的合作社规范、联合发展；第五，农民合作社不仅具有经济功能还具有社会服务功能，以农民合作社为载体提供农民公共物品更有利于农村相关资源的整合，如扶贫、教育、信息服务等。

6.3.5.2 农民合作社专业化管理

农民合作社的专业化管理已经成为合作社的发展趋势，虽然我国大部分农民合作社发展缓慢还不能雇佣职业经理人实现专业化管理，但是随着农村集体产权制度改革，农民合作社增加了可支配的资产，合作社经济实力得到提升，二级合作社或条件允许的一级合作社建议实行专业化管理，减少村干部与合作社管理层的重合度，实现村民委员会事务和集体经济事务分离。

6.3.5.3 农民社区综合合作社与资本市场的对接途径

农民社区综合合作社在接管农村集体资产以后，合作社资产和融资能力得到提升，为更有效地实现农村集体资产的增值和农民持续增收，以及现有成员的退出途径，合作社需要与资本市场进行结合，弥补自由资金不足的问题。为了降低资本对合作社控制程度，合作社民主管理制度保障农民的权益和管理地位，但是也在一定程度上抑制资金投入动力，因此合作社与资本市场的对接是一个逐步放开的过程。在农民社区综合合作社建立初期，要把农村承包土地经营权、集体林权、农村集体经营性资产出租等限制在一定的范围内，如合作社成员范围，或同类合作社范围内，防止资本下乡对农业生产资源的侵占如对成员的合法权益侵占和资本圈地问题。初期通过整合合作社内部资源、开展金融合作，盘活农村现有资产，合理利用政府扶持资金，提高自我生存能力，并初步构建盈利渠道，着重内部资源开发；农民合作社顺利运营以后，可通过优质资源的重组，以企业公开上市的方式实现与资本市场的全面对接，让成员有退出的渠道，尽量保持农民合作社占绝对多数股份和当地村民的主体地位。

6.3.5.4 农民合作社纵向一体化发展

农民合作社发展趋势包括纵向一体化和横向一体化，二者是相互促进、有机结合。横向一体化为纵向一体化提供必要的生产资料、资本、本地市场和劳动力；纵向一体化为横向一体化提供农村集体资产可持续增值和农村剩余劳动力转移的机会，并为横向一体化功能扩展提供发展资金，这也是现代农业发展的趋势。农民社区综合合作社是横向一体化的一种组织形式，满足一定范围内成员发展需求；纵向一体化是对单一农产品的产业链的前向和后向的延伸，从生产领域延伸到二三产业的农产品加工和农业服务业，为全国生产同一农产品生产者提供全产业链的服务。农村集体产权制度改革为我国农民合作社纵向、横向一体化发展提供新的机遇，大量农村集体资产的投入让合作社快速增加原始资本积累以及一体化经营。农民合作社可以合理利用这些资产进行规模的扩展和同类合作社合并，逐渐达到垄断性生产地位，最终实现全产业链纵向一体化的发展。

6.4　粮农合作的期货模式研究

6.4.1　问题的提出

分散小农与市场对接的问题长期困扰我国农业发展，小户在交易成本、信息、风险管理等方面长期处于劣势地位，而且对价格信息反应迟缓、盲目跟风种植、缺乏长期经营规划。近几年多个农产品市场中价格暴涨暴跌，陷入价格上涨——生产扩张——价格下跌——生产萎缩——价格又涨的恶性循环（贾月梅、张翠翠，2008），如大蒜、白菜、绿豆、生姜、玉米、大豆等。在粮食生产领域中，由于国内种植业产业结构不合理、规模不经济等因素，导致国内粮食生产缺乏有效供给、国内农产品价格高于进口农产品价格，政府不得不使用临时收储价格政策，虽然保障了农民收入但是进一步扩大了供给与需求的矛盾和弯曲了市场价格对种植结构的导向性，也加大了财政负担。如何降低粮食生产中风险如价格风险、生产风险，提高粮食种植者的收益、提高种粮者的积极性，是我国粮食产业发展中面临的重要问题。期货市场是粮食生产者控制风险的重要管理工具，并且在发达国家中得到广泛的应用并取得较好效果，规模小是我国粮农的重要特征，分散农户如何有效地参与期货市场交易是本节研究的重点问题。粮农与期货市场对接是我国现代农业的发展趋势，根据发达国家经验，农民合作社是农民间接进入市场的有效手段，农民合作社作为中小农户的代理人进入市场竞争，通过农民合作社纵向一体化发展，帮助农民获得更多环节的潜在利润。农民合作社可有效利用农业保险和期货市场等风险管理手段，实现农业保险、套期保值、价格发现的综合运用从而规避农业经营风险，并通过期货市场和现货市场的交易获得额外的利润。

总结现有理论成果和实践经验，我国农民合作社发展存在诸多问题，如制度不规范、管理效率低、异质性、虚假合作等，但农民合作社是分散农户与市场对接的有效载体，这一观点已经在学术界达成共识并在实践中广泛应用。虽然理论上通过农民组织化程度提高、发展农民合作社可以提高我国粮食产业乃至整个农业经营水平，但是实践中农民对合作社认知程度并不高、期货知识缺乏、合作社发展存在诸多困难。本节的创新点是在现有的条件下，构建粮食合作社政策支持体系，通过合作制度改革产生内生动能，用制度和管理的创新促进我国粮食合作社纵向一体化发展，通过农民合作社与期货市场间接对接降低粮食生产中的风险，提高农民收入、推进农业供给侧结构性改革和国家粮食安全保障水平。

6.4.2 文献综述

梳理现有文献，在农民合作社纵向一体化的研究中，张学会、王礼力（2014）认为农专业合作社纵向一体化有利于推进农民增产增收、保障国家粮食安全、推进农业产业结构调整（冯开文等，2010；王爱芝，2010）。万江红、朱良瑛（2010）提出农民合作社一体化实现了公司、农户、合作社三者利益的统一，生产、自然、价格的不确定性以及资产专用性、合作社自身特征、合作社职能等对农民合作社纵向一体化有一定的影响（刘颖娴等，2015；康小兰等，2015），其中资产专用性的因素影响较为显著（刘颖娴、郭红东，2012；宋茂华，2013）。王亚飞、唐爽（2013）认为，农民合作社一体化提高农业产业链纵向关系的稳定性，我国可借鉴丹麦猪肉产业合作社发展经验（张滢，2016）。郭晓鸣等（2007）认为，合作社一体化模式是最优的农业产业化模式，与农民利益的高度一致性（冯开文，2008）。产、加、销纵向一体化服务，可使农户福利增进的空间达到最大化（黄宗智，2015；苑鹏，2013；王贵荣等，2010），能有效提高集成管理和渠道绩效（赵晓飞、田野，2016；黄桂红、饶志伟，2011），农业标准化程度（张利国，2008），整合农村人力资源促进农业经济增长（姜松、王钊，2013）。

在农民合作社与期货市场对接的研究中，吕东辉等（2003，2011），刘岩、于左（2008），董婉璐等（2016）等认为欧美国家中小农场主通过农民合作社间接参与期货市场交易实现风险管理、期权交易、套期保值、价格发现等并取得较好的效果，为中国提供了许多有益的借鉴。农产品期货市场的持续发展需要吸引农民参加（肖顺武，2010），政府可以利用农产品期货市场指导农业生产，调整生产结构（蔡胜勋，2008）。但是我国农产品期货市场始终存在套期保值者主体不足，尤其是粮农缺位的问题（蔡胜勋，2011），农民合作社的缺失，导致农户无法通过这一中介实现对期货市场的参与（刘旗，张继承，2009），但可以通过制度创新、产品创新、管理创新形成共担风险、共享盈利的模式，实现期货市场对农民增收功能（魏振祥，2011；闫云仙、张越杰，2011）。学者们因地制宜提出了一些“合作组织＋期货市场”对接模式（李永山，2008）“公司＋专业合作社＋

农民”和“企业+ 专业协会+ 农民”模式（白选杰，2012），“保底租地协议 + 场外期权 + 期货”模式（李正强，2015），粮食信托模式（刘利，2015），“茶农 + 合作社 + 期货市场”（兰昊骋，2016），农村期货合作基金模式（单磊，2009）。

简要评述，现有的研究认为诸多限制因素导致我国农民无法直接参与期货市场交易，但可以借鉴美国的经验通过农民合作社间接参与期货交易。而我国农民合作社发展整体实力较弱，从人力资源、资金实力方面还无法与期货市场有效对接，因此需要在制度上、管理上进行创新，推进农民合作社纵向一体化发展，增强农民合作社经济实力，提高农民合作社在农产品供给特别是在粮食领域的供给中的市场优势地位，在政策支持下培育农民合作社作为期货交易的生产者主体，才能有效实现期货市场的套期保值、价格发现等功能。因此本节将从农村经营体制创新、农民合作社制度创新、农村集体产权制度改革视角推进我国粮食合作社纵向一体化发展，提高粮食合作社参与期货市场交易的能力，构建农民通过粮食合作社间接参与期货交易的路径和政策支持体系、调动政府、交易所、银行等相关主体力量，联合推进期货市场发挥农民增收、保障粮食安全、农业产业结构调整的功能实现。

6.4.3 粮食合作社纵向一体化与期货市场对接路径

农民间接参与粮食期货交易需要具有一定经济实力的农民合作社作为载体，并具有专业的期货经营人才进行相关业务管理。显然以村级为单位建立的粮食合作社，还不具备足够的资金和人力资源。通过合作社的合并、扩张将同类粮农联合起来需要推进粮食合作社纵向一体化发展，培育粮食合作社作为现代农业经营主体和期货交易主体，粮食合作社发展要基于国家粮食生产的宏观规划。目前我国形成了农产品优势产业带：小麦以黄淮海为重点，水稻以东北和长江流域为重点，玉米以东北和黄淮海为重点。

6.4.3.1　粮食合作社制度构建

在粮食优势产业区域内，发展粮食合作社具有天然优势，农民特征、农产品同质化程度较高，有利于土地、技术、机械使用的规模经济，但是粮食合作社与其他合作社具有一定的差异，也会影响到国家粮食安全、农业产业结构调整、期货现货交易的标准化程度，因此，在粮食合作社的制度构建中也会和其他类型的合作社有所差异，需要在经典的合作社制度中进行创新，以符合我国市场环境的需要。

（1）成员资格的限制性。

经典合作社中成员自愿加入、自由退出，成员资格没有限制，但是在粮食合作社中期货市场交易需要稳定的粮食产量和产品标准，自由加入和退出将影响期货交易契约的稳定性，增加经营风险，所以成员资格限定为长期经营某种粮食作物的农民，加入以后不能自由退出，并需要合作社管理层的批准。稳定成员规模和土地面积是粮食合作社发展的基础，粮食合作社会员制度要设置进入和退出的门槛。

（2）产权制度。

平等的产权是粮食合作社的基础，虽然成员资格有一定限制，但是合作社内部成员拥有平等的产权，成员可以选择土地入股或资金入股，达到合作社要求的股金量，一方面作为合作社的运营资金，另一方面作为成员违约的押金；成员每年需要按照规定提供最低交易量以上的、达到标准的粮食或同等金额的资金，由粮食合作社统一的期货和现货交易，并根据成员的交易量进行利润分配。由于我国农户有不同的类型，因此对不同类型的农户参与合作社的方式需要有所区别，专业农户参与粮食合作社需要规定最低交易量；兼业农户可以用土地入股，由合作社代理经营土地获得土地股份的收益，不规定交易量，合作社可以自己经营土地或租给专业农户经营。在这种产权制度中，粮食合作社可获得稳定的粮食产量和耕地面积，农户也可根据个人需要选择入股的方式以及参与合作社的方式。

（3）管理制度。

“一人一票”、民主管理是粮食合作社的基本管理制度，由于纵向一体化和期货交易的要求，专业化的管理是合作社的发展趋势，但是在村级或一级粮食合作社中，合作社管理者由农民民主选举产生更具现实性，成员选举监事会作为监督机构；二级合作社或者粮食合作社的合作社中，管理者由职业经理人担任，期货经理则须雇用专业经济人进行交易，一级合作社的农民代表选举监事会监督。一级合作社主要功能是标准化的生产和产量的控制，二级合作社功能是纵向一体化经营和期货市场交易。为了减少成员违约的情况，农民需要交纳一定的股金作为担保，成员一旦违约可不归还股金；在每年的未分配利润中购买相应的农业保险，控制不可预计的生产风险；减少违约问题最根本途径是让成员意识到自我利益与合作社利益统一，提高成员的忠诚度。民主管理虽然决策效率较低，但是能够充分体现成员意志和成员所有权地位，民主管理针对合作社发展中的重大事项如合作社投资、职业经理人雇佣、利润分配方式等，而不是管理合作社日常事务；合作社日常事务由职业经理人、期货经纪人管理，接受监事会监督对成员大会负责。

（4）农村集体资产代理与融合发展。

目前我国正在积极推进农村集体产权改革，在粮食主产区内，可将农村粮食生产的集体资产交由合作社代理经营，一方面提高这些专用性集体资产的使用效率和增值空间；另一方面为粮食合作社发展提供必要的资产，提高粮食合作社的自我生存和发展能力。农村集体产权制度改革为我国农民合作社发展提供了新的途径，以社区户籍和农龄为条件限定成员资格，建立农民合作社，将农村集体资产平等分配到每一个成员账户，并作为未来利润分配的凭证，将农村集体资产转移到农民合作社中将提高合作社资产性收益和融资贷款能力，鼓励成员监督合作社运营，提高成员民主意识和管理参与度，有效提升成员参与合作的积极性，形成成员与合作社利益共同体，构建个人与集体资产协调发展关系，是农村经济体制中“统”和“分”两个层次的有机结合。

6.4.3.2　粮食合作社纵向一体化发展

本节对粮食合作社纵向一体化的定义为：经营粮食生产的农民合作社，为了降低交易成本、实现规模经营，在合并其他同类产品生产者的同时，向粮食产业链的前向、后向的延伸，从粮食的生产领域扩展第二、第三产业的增值链条，前向延伸到产品研发、农资购销、农业技术推广；产中如技术指导、田间管理、农资供应、机械化种植、防虫、采收等环节的农业生产服务领域，后向延伸到农产品深加工、分拣、包装、储藏、运输、销售等环节，并依托农业生产发展生态循环经济、农业休闲旅游等，最终在一定区域内达到粮食供给完全垄断或寡头垄断的市场地位。

村级粮食合作社（一级合作社）成立以后对本村的粮食生产和土地统一规划、经营，实现耕地整合、规模经济，推进粮食集约化、规模化、标准化生产，奠定粮食合作社与期货市场对接的基础，但是村级合作社的产量、资金、人力资源还不足直接参与期货市场交易、实现纵向一体化发展；因此，在村级粮食合作社基础上实现合作社的合作（二级合作社）是我国农民合作社发展的趋势，二级合作社将多个一级合作社联合发展，在区域内实现生产者的垄断，并集中力量构建纵向一体化经营体系，扩展粮食生产向第二、第三产业融合，获得更多环节中潜在的附加利润，提高粮食种植者收入。纵向一体化需要更多的资金和人力资源，可在合作社内部开展信用合作满足资金发展需要，并雇用职业经理人进行管理，这些村级粮食合作社无力承担的成本，可由多个村级合作社一起承担，形成利润共享、风险公担的联合。粮食合作社纵向一体化发展为成员增收提供了多元化的途径，随着产业链的扩展，粮食合作社将开展农资供应、包装、深加工、销售等第二、第三产业的服务，为农业剩余劳动力向第二、第三产业的转移提供就业机会，增加成员非农就业和工资性收入机会。

6.4.3.3 粮食合作社与期货市场的对接

期货市场将作为粮食合作社的风险管理工具和金融资产增值的工具，并不是粮食合作社的提高收益主要渠道。二级合作社是期货市场交易的主体，通过期货市场套期保值合作社可以先卖后种，提前锁定预期利润，避免价格波动带来的不确定性。目前我国农民期货市场、信息的使用率都非常低，但是从我国农民对期货了解情况看，本节认为在成员与合作社对接的过程中，不宜设计选择过多的、复杂的交易方式，用公平产权、民主管理原则将农民合作社与成员构建为统一利益共同体是最好的制度安排，成员负责生产、合作社负责期货交易、深加工、销售、贷款，合作社通过套期保值、农业保险实现未来利润的锁定，保证农民稳定预期收益，并以交易额为基础实现整体利润的二次返还。期货交易是二级粮食合作社的业务之一，也是风险管理手段之一，合作社期货交易负责人的职能是降低风险、提高预期收入，并在合理范围内开展期货、期权的投机交易获得更多的利润。

粮食合作社与期货市场对接中需要政府、交易所、银行多主体的帮助，为合作社提供资金、人力资源的支持，从政府视角，第一，构建公益性信息预警体系，及时向农民、合作社提供必要国内外市场、气候、期货等信息服务；第二，构建粮食合作社为渠道的种粮补贴体系，提高种粮补贴的整体性、针对性、规模效益，充分利用世贸组织（WTO）的“绿箱”政策提高补贴力度，政府可以期权权利金的方式将补贴直接发放给合作社；第三，整合财政支出为粮食合作社发展提供必要低息贷款，提高金融支持力度，鼓励合作社参与期货、期权交易，并借鉴美国经验为套期保值的资产优先提供贷款服务；第四，开展农村职业教育、农民工教育为农民合作社发展提供必要的人才储备；第五，建立农民合作总社，作为全国合作社指导单位而不是管理机构，推进全国农民合作社发展，为基层合作社提供智力支持。从交易所视角，二级合作社是未来粮食期货交易的交易主体，交易所可以根据自己的经营范围开展相关帮助活动，如协助制订农民合作社发展标准、期货交易人才培养、指导交易服务、交易产品的创新等，如降低生产者交易保证金比例、合约规模标准、结算手续费、会员席位费等逐步培养粮食合作社成为成熟的期货交易主体。从银行视角，降低农民合作社贷款门槛，根据农业生产周期为农民、合作社提供相应的贷款产品创新；并在农村信用合作社基础上建立封闭运营的农民合作社信用合作体系，只对成员、合作社会员服务，防止农村资金的外流。

6.4.4 政策建议

6.4.4.1 粮食合作社纵向一体化意义

（1）粮食合作社纵向一体化，将推进农村集体产权制度改革。

以农民合作社作为载体，以民主管理原则实现农村集体资产产权的分配与管理，推动农民财产性收入提高和农村集体资产增值。农村集体资产进入农民合作社以后有利于农村政治事务和经济事务分离，避免少数人控制和精英俘获的问题，农村集体产权改革以后，成员将清晰地明确自己的权利和义务，只有积极参与合作社管理才能更好实现自己的权益，因此也要提高农民参与管理、监督的积极性。将农村生产性资产投资到农民合作社中提高合作社经济实力和财产性资产。

（2）粮食合作社纵向一体化推动农业供给侧结构性改革。

品种结构不平衡、资源环境约束增大、消费结构升级是我国农业结构中的主要问题。构建粮食合作社一体化生产模式将实现政府与市场两只手共同调节粮食产业结构，避免单一政策失灵的问题，由农民合作社与政府、市场进行沟通、交易有利于节约交易成本，增强农民市场的主体地位。

（3）粮食合作社纵向一体化推进农民组织化程度提高和农业生产的标准化程度。

粮食生产同质化程度高，可整合成员的土地实施规模化、机械化、集约化生产模式，按照期货交易订单实施标准化的管理，小规模农户只要土地入股参与合作社就可以获得每年的收益分红，由农民合作社代理经营土地统一种植粮食，可保留农民的土地经营权，让农户安心离开土地。通过劳动力、土地、农村集体资产的整合，粮食合作社可实现前向、后向的产业链延伸，扩大规模的同时提高整体经济实力，参与期货市场交易，发挥现代粮食生产中的主体作用。

（4）粮食合作社纵向一体化可整合农业财政补贴资源，在“绿箱”框架内构建新型粮食补贴的体系。

农业补贴渠道的多元化、分散化、低效化导致我国农业补贴整体资金缺乏合力、使用效率偏低，补贴精准度较低。粮食合作社是粮农的联合，以合作社为渠道的农业补贴体系具有较强精准性，能提高农业补贴资金的整体使用效率。

6.4.4.2 推进粮食合作社与期货市场对接的政策建议

（1）合作企业家与期货人才的培养。

合作社企业家和期货人才的培养需要政府、交易所、合作社共同努力，人力资源缺乏是农民合作社发展中普遍存在的问题，具有合作精神的企业家更是缺乏，特别是在合作社发展初期，发起人的社会资本、资金、人力资本对合作社组建、发展起着重要的推动作用，仅仅依靠农民自身的力量发展合作社是不现实的，而且大多数合作社管理者和成员对期货并不了解，期货交易需要专业的知识和丰富的市场经验。因此粮食合作社纵向一体化需要培养合作企业家和合作社的期货人才，研究认为可以在农业类高校、农村职业教育、农民工培训中开展合作企业家的培训，从返乡农民工中培养具有合作精神的企业家作为合作社发展管理人才；鼓励相关专业的大学毕业生到合作社工作；

交易所要主动承担期货交易指导和合作社期货人才培训的工作，培养对象是现有粮食合作社的管理层，逐步培育粮食合作社为期货交易的主体。

（2）粮食合作社发展体系的顶层设计。

粮食合作社将成为未来我国粮食产业生产的主体之一，影响到国家粮食安全、食品安全、农业产业结构调整、农业生态等问题，因此粮食合作社发展体系要依据国家粮食产业发展规划，构建完善的顶层制度设计和发展体系，如粮食合作社整体布局、耕地保护与管理、农业补贴方式改革、合作社制度设计、二级合作社的监管审计、信用合作的规范、期货交易风险控制、农业生产与环境保护等，避免合作社发展不规范、虚假合作、过度投机等问题。从政策与市场双重手段引导粮食合作社逐渐成为粮食期货和现货交易的主体，并通过纵向一体化实现粮食市场的供给侧的合法垄断，积极参与国际农产品市场竞争。

（3）借鉴国外经验。

国外农民合作社、期货市场发展经历上百年的发展，为我国农民合作社、期货市场及二者对接提供了丰富的可借鉴经验，但是国内外的经济、文化、历史、农户状况存在着巨大的差异，我们不能简单重复国外发展路径，需要在现有的制度上不断创新，在坚持原则的基础上寻找适合我国国情的制度设计，特别是需要以成员为核心，尊重成员意愿不断创新、完善合作制度。

（4）农业生产信息公益性补贴。

随着网络和智能客户端的推广，农民获得信息的途径也逐渐多元化，因此建立公益性的农业信息平台，及时向农民传播农民合作社、期货、国际农产品价格、农资价格等信息将有利于推动农户对信息利用率和合作社、期货知识的普及率，逐步培养现代职业农户。公益性信息平台可由政府、合作社、交易所、科研单位共同运营，向注册的用户提供信息和咨询服务。政府农业公益信息平台的建立也是一种变相的农业补贴和市场调节手段，政府信息的发布具有较高的权威性，可以通过预测信息影响期货市场和现货市场价格，调节市场的供给与需求，用较少公益信息服务投入作为农业补贴，引导粮食生产、交易主体的行为符合国家宏观调控的需要。

（5）农业保险与期货市场的综合运用。

农业保险降低生产风险、期货市场降低价格风险，二者的互动发展、有机结合可以有效提高粮食生产的风险管理效率，也为农业保险公司提供风险管理的有效工具。期货市场和农业保险的综合运用是发达国家农业生产保障的重要措施，而且农业保险属于“绿箱”政策符合 WTO 规则，农业保险的补贴力度也是激励农户购买农业保险的重要因素，由粮食合作社统一进行农业保险的购买和补贴可以降低农业保险的交易成本，防止农民道德风险和逆向选择问题，提高农业保险补贴的使用效果。

第7章 以农民合作社为载体的现代农业经营模式的构建

目前，中国正处于传统农业向现代农业转型的阶段，现代农民、家庭农场、农民合作社、农业企业将成为未来我国现代农业的经营主体。现阶段我国农业结构性短缺和过剩并存，产业结构需要进一步调整，农村经济发展的内生性动力不足。因此，在2016年12月中央农村工作会议中，习近平指出："要准确把握新形势下'三农'工作方向，深入推进农业供给侧结构性改革；要在确保国家粮食安全基础上着力优化产业产品结构；要坚持新发展理念，培育农业农村发展新动能，提高农业综合效益和竞争力。"农村发展新动力始于现代农业经营体系的制度改革和创新，现代农业经营体系是指在坚持农村基本经营制度基础上形成的从事农产品生产、加工、销售和服务的各类主体及其相互关系的总和。2013～2016年的中央"一号文件"连续提及我国现代农业经营体系的构建，2016年中央"一号文件"指出："大力推进农业现代化，着力构建现代农业产业体系、生产体系、经营体系，一二三产业融合发展，完善农业产业链与农民的利益联结机制，培育农民增收新模式。"现代农业经营体系决定未来我国农业生产关系，以及各经营主体在未来农业产业中的地位，是农业经营主体间的协调关系，对我国的粮食安全、食品安全、农产品市场供给、稳定农产品价格都有着重要的影响。在农业供给侧结构性改革中，现代农业经营体系构建对农产品供给侧产业链打造，促进农业经营主体向第二、第三产业延伸，实现产业链融合、农民增收等方面有着重要意义。现代农业的经营体系是由三大经营主体和"一纵一横"的协同体系与组织所构成，三大经营主体分别是家庭经营、合作经营和公司经营，"一纵"体系即产业化经营体系，"一横"体系即行业协调体系。农民合作社作为我国现代农业经营主体之一，将在现代农业经营体系占有重要的作用，也是目前欧美发达国家农业生产中的主体，对国际农产品市场有着重要的影响。因此，本章从典型案例分析出发，基于农民合作视角构建我国现代农业经营体系，并为其实现路径提供针对性的政策建议，这些研究对进一步完善我国农业生产关系、释放农业内在生产力有着重要的理论和实践意义。

7.1　文献综述

梳理现有文献，农业经营体系一直是学术界关注的重点问题，学者们从多个角度、途径推进我国现代农业经营体系的构建，为今后的研究奠定了坚实的基础，现有的文献可分为以下几个视角。

7.1.1　现代农业经营主体的培养

黄祖辉、俞宁（2010）认为，以农业专业大户、农民专业合作社和农业企业为代表的新型农业经营主体是中国现代农业发展的核心主体，而新兴的职业农民群体（曹东勃，2014）、专业农户为基础适度规模的家庭农场是最适宜农业经营主体（曾福生，2011；杜志雄、王新志，2013）。王征兵（2016）认为，新型农业经营体系包括家庭农场、专业大户、农民专业合作社和农业产业化龙头企业。汪上（2011）认为，“家庭农场 + 农合 + 农协”三位一体式的现代农业组织体系，是现代农业的必然方向，农业科技支撑体系是培育新型农业经营主体的重要支撑（赵伟峰等，2015）。新型农业经营体系的构建应该确立家庭农场的核心主体地位，适度发展合作社（龚松柏、闪月，2015），农民合作社在以产业链整合为核心的农业经营组织体系演变中作用日益凸显（廖祖君、郭晓鸣，2015）。

7.1.2　现代农业经营体系的模式

发展现代农业就是以资本、物质和技术等先进要素为基础，对传统农业进行改造（徐志初，2008），从农村的经济和社会化服务等层面的制度改革与创新建设入手，整合农业相关产业链（张利庠、张喜才，2007），使之成为助推现代农业和新农村建设的系统性体系（刘晓利、于德运，2007）。现代农业经营体系要以农业布局区域化、农业生产规模化、农业产业系统一体化、农业资源利用生态化为我国现代农业经营模式发展方向（白文周、吴义周，2008；孙芳、李云贤，2009；张振江，2009），构建农业财政金融与保险支撑体系、农业科技与人才支撑体系、现代农业产业支撑体系、农业信息服务支撑体系、农产品质量安全支撑体系和现代农业市场支撑体系六大支撑体系（徐薇，2010），以培育新型农业经营主体为基础、强化主导优势产业为载体、增强社会化服务体系为支撑和完善科学运行机制实现“四位一体”模式（张扬，2014）。理顺农村土地所有权、承包权和经营权三者关系（黄迈、董志勇，2014；孔祥智、周振，2014），以家庭承包经营制度基础（陈晓华，2012；孔祥智等，2012；鲁可荣、周洁，2014），实现农业生产规模化、生产要素集约化、技术应用广泛化、产业体系一体化和资源利用合理化（曹国庆等，2014）。黄祖辉、王朋（2008）认为，需要建立一个高效、有序的土地流转模式“散户—中介服务组织—大户”。苑鹏、张瑞娟（2016）认为，新型农业经营主体和服务主体初步形成分工协作、优势互补的新型农业经营体系，需要注意土地密集型、劳动密集型和资本密集型的模式差异（周应恒，2016）。

7.1.3 现代农业经营模式构建中政府的积极作用

在现代农业经营体系的构建中，政府行为会影响农业经营体系的构建路径（徐根兴，2014），从土地流转制度创新、社会服务体系健全、政策扶持、金融扶持和立法完善等几个方面入手，促进新型农业经营主体的形成和发展（张广智，2007；徐磊，2015；刘舜佳，

2013），政府工作重点是现代化农业制度创新、农地使用权制度创新、农业生产经营组织创新、农业科技制度创新、农业机械化制度创新、农业教育培训制度创新、农业耕作制度创新（刘西涛、王炜，2012；姜长云，2014）。

总结现有文献，学者们在农业经营主体的核心是谁的问题上还没统一意见，但是对职业农民、家庭农场、农民合作社、农业企业作为现代农业经营主体已经达成共识，究竟哪个主体将占据主导地位还需要进一步研究。这些主体协调、共存关系构成我国现代农业经营体系，多样性、复合型将成为我国现代农业经营体系的特征。农民合作社具有较好的兼容性，既是农业经营主体之一，也是多个主体合作、联合的有效载体，能有效减少众多主体之间、主体与市场之间的交易成本，是我国现代农业经营体系中主要的组成。农民合作社的纵向一体化和横向一体化是合作社规模扩展、功能扩展的主要方式，现有以农民合作社为核心的现代农业经营体系的研究中偏重纵向一体化研究较多，横向一体化成果较少；对于二者内在逻辑关系研究得不够深入，缺乏基于农民合作社纵、横一体化的系统性构建；因此，本章将从典型案例出发，对基丁农民合作的现代农业经营体系的体系逻辑和框架进行探讨，丰富了我国现代农业经营体系的理论和实践。

7.2　案例分析

我国农民合作社处于发展的初级阶段，数量急剧增加但质量还有待于提升，量变引起质变，未来农民合作社数量将逐渐减少，通过合并、收购的方式实现规模扩展和经济实力提升，农民合作社的联合发展将成为趋势。虽然距离发达国家历经百年、经济实力雄厚的合作社还有很大的差距，而且国内外农民合作社的历史、文化、市场环境等因素存在较大差异，我们不能盲目重复国外农民合作社的发展路径，但是可以借鉴国外的成功经验利用后发优势逐步推进。国内农民合作社虽然规模小、实力弱、不规范，但从其生命力强、数量多，从他们的发展路径和趋势，结合农民合作理论与国外发展经验，可以构建我国基于农民合作社的现代农业经营体系。

南马庄生态专业合作社是典型的农村内部资源与外部资源有机结合的案例，在合作社发展中，农民合作社的核心成员特别是发起人村支书具有强烈合作意愿和合作企业家精神，在政府、学者、企业等外力的助推下，农民合作社从弱到强，由小变大，期间也经历了管理不规范、卖难、成员违约销售等发展中的困难，如引人关注的“教授卖米”的事件。南马庄生态专业合作社的成功发展与政府、学者和社会各界的支持是密切相关的，从资金、人力资源、项目选择、产品销售方面，外部资源给予了极大帮助，加上村两委发起和带动，内因外因合力推动最终实现了合作社的持续发展，村支书在采访中表示“仅仅依靠农民的自己的力量发展农民合作社是不现实的。”农民合作社发起和经营需要一定的组织成本，而普通农户由对合作社了解程度不高，不愿意承担这些成本；而且在合作社的发展中遇到问题也超出普通农户甚至农村精英能力范围；无论从资金、人力资源、社会资本的角度，在我国现有的市场环境中完全依赖农民自发路径组建农民合作社并自由发展成为现代农业经营主体是不现实的，因此政府需要采用诱制性变迁的发展路径，通过宏观政策支持、金融信贷支持、合作社发展公益性支持等措施来推进农民合作社的发展，政府、农民、社会共同承担农民合作社发展的成本，利用制度创新的动能推进社会资源与农村资源的对接，内部动力与外部动力形成合力，实现农民合作的良性发展，并构建基于农民合作社的现代农业经营体系。

案例：南马庄生态专业合作社

南马庄位于兰考县最南部，毗邻开封县，连霍高速、陇海铁路从辖区内穿过，交通便利。全村人口1486人，360个农户，党员69人，8个村民小组，耕地2860亩。从2004年9月成立至今，从39户发展到现在的539户，资金从3700元到1280万元，生产的无公害大米已经推广到全国，总共经营19个农产品品种，如快乐猪、莲藕、豆类、蟹类、小杂粮等。南马庄合作社现分为资金互助合作社、大米生产合作社、菌业生产合作社，这三个专业合作社又联合形成了合作联社。

2004年，南马庄村民在县、乡政府的大力支持下，著名“三农”问题专家温铁军以及中国农业大学副教授、兰考县挂职副县长何慧丽等专家学者的指导下，以张支书为首的村两委带动村民成立了“兰考县南马庄生态农产品专业合作社”，合作社以“党政主导、农民主体、社会参与”在践行村庄合作发展新模式。

从2004年开始带动社员种植无公害大米，每家出资200元，生产的产品也从当初的大米扩展到了黑绿豆、莲藕、黑花生等，种植的种类在增加，有些产品需要深加工，所以资金需求也在逐年增多。2004年12月，在兰考县扶贫办、温铁军教授等多种社会渠道资助下，开始通过小额信贷的方式解决社员的资金紧缺问题，开始信用合作。

成立了合作社之后，南马庄也成立文艺队、老年人协会，满足成员精神文化需求，作为弘扬合作社文化教育的主力军，开始社区服务的合作。

从2006年开始，为适应当时合作社发展的要求，大米生产合作社、食用菌生产合作社陆续从综合合作社中独立出去，分别成立了“大米生产合作社”“菌业生产合作社”专业合作社。

从2009年起开发城乡互助型乡村旅游，举办了南马庄第一届生态文化旅游节，2010年建设生态循环的市民多功能农园，开始包猪认养、藕蟹认购。

在原有资金互助的基础上，于2013年7月26日开办了自己的资金互助部。在成立仅12天的时间里，有150户成员参与，资金达到了150多万元，为“快乐猪”养殖户、有机大米种植户、农资经营户提供了20万元的借款，不但支持了农户的生产经营，同时也解决了留守妇女创业难的问题。

2013年，“南马庄”牌产品喜获2013“中国具有影响力合作社产品品牌”。

2015年，宜信农村金融将首批服务群众聚焦于农民专业合作社，并以“互联网+农民专业合作社”为思想，将落地的首个服务试点设立在兰考县。

2016年5月开办惠农粮食银行和惠农粮油超市。

（资料源于课题组的实地调查和网络信息的整理）

南马庄生态专业合作社从实际功能上已经是综合性合作社，覆盖了农民生产、生活的多个方面。从生产合作开始发展特色农业有机大米，并逐渐扩展生产范围和品种到猪、莲藕、豆类、蟹类、菌类等生态产品，形成村庄生态循环农业；在生产发展中遇到资金“瓶颈”，开始信用合作组建资金互助部，用小额贷款满足成员生产资金需求。随着盈利性增强，合作社根据成员需要开始组建文艺队、老年人协会，满足成员精神文化生活和社区发展需求。为提高品牌知名度、扩展全产业链条，发展农业旅游，增加非农经营的收入，并树立了良好的生态品牌形象，进一步链接社会资源发展信用合作与消费合作，用“互联网+”扩展合作社的经营渠道。目前南马庄生态专业合作社已经覆盖消费、生产、供销、金融、文化、互联网、旅游等产业，初步具备综合性合作社的框架。在农民专业合作社发展中以生产合作方式不断扩大成员规模，前向延伸积极流转土地、扩大土地经营面积，提高农产品标准化经营水平；不断加强农产品产业链后向延伸，向分拣、包装、销售扩展，将有机农产品高档化、礼品化根据市场需要实现纵向一体化发展，所以南马庄生态专业合作社是横向一体化和纵向一体化的有机结合。本章基于南马庄案例结合国内外发展经验和合作理论，试图初步构建我国现代农业经营体系。

7.3　以农民合作社为核心的现代农业经营体系构建

7.3.1　农民合作社横向一体化经营

发达国家农民合作社经历上百年的发展，经济实力雄厚、成员基础牢固、服务范围覆盖了农民大部分生产、生活需要，如日本农协、欧美的综合性合作社，对成员服务包括消费、生产、信贷、教育、文化、公共社会服务、住房、旅游、农村建筑、审计、法律咨询、卫生保健、文化娱乐等，这些综合性合作社成员众多、经济实力雄厚，在区域性市场中都有一定的垄断地位，与成员生活密切程度高度相关。合作社在一定程度上承担了政府公共服务的功能，所以得到政府在税收、信贷等方面的优惠政策。由于历史、文化、市场环境、农民认知等差异，我国农民合作社发展不能简单重复发达国家合作社的发展历程，但综合性农民合作社的横向一体化发展也是我国未来农民合作社发展的趋势和方向。虽然我国农民合作社目前经济实力较弱、管理不规范、成员认知程度较低，但是我国农民合作社基数大，覆盖范围广，我国 42% 农户已经加入农民合作社，下一阶段发展中通过规范、合并、淘汰、改制，我国农民合作社质量将会逐渐上升，所以现代农业经营体系构建中农民合作社横向一体化发展目标是符合历史发展的趋势。农民合作社横向一体化，并非地区内只有一个合作社，而是在一定区域内有多个按照农户需求组建的合作社，这些合作社的目标是为区域内成员服务，满足成员个体无法实现的需求。这些合作社将联合发展形成综合性合作社，在资金、人力资源、社会资本、基础设施方面相互协作，农户可以根据自身需要参加多个合作社。

农民合作社横向一体化可定义为：在社区范围内，以户籍和农龄为基础限定成员资格，为满足成员生产、生活需要，农民合作社开展消费、生产、信用、教育、社区服务等功能的合作，具有促进成员经济发展和社区公共服务的双重职能。农民合作社横向一体化是基于生产型合作社的功能不能完全满足成员发展需要而产生，生产合作社发展到一定程度会遇到资金、人力资源、市场的“瓶颈”，农民合作社为了维持自身的可持续发展在争取外部政府、社会支持的同时扩展自身服务功能，在保证合作社生存情况下横向扩展合作社服务范围，吸引更多成员参加，并充分调动成员潜在资金、人力资源和社会资本。在我国现代农业经营体系中，本章认为农民合作社横向一体化可从消费合作社开始，消费合作社是基于成员生活需求的合作，通过统一采购降低生活成本、成员可以获得消费量的返还和原始股份的分红。以芬兰消费合作社 S－group 为例，根据消费在合作社下属超市、酒店、餐馆、百货、加油站等分支机构的每月消费金额，可以获得 1%～5%不等的年终返还，消费金额越高返还比例越高最低消费每月 200 欧元，这样极大提高合作社成员的忠诚度和积极性。在成员支持下，S－group 通过大型超市、中型超市、小型便利店的形式全面布局，占据芬兰大部分零售业市场份额。我国现有的过亿农民，是巨大消费市场，随着农村人居收入不断提高，消费合作社具有巨大的发展空间，而且消费合作社能直接为农民提供就业机会、降低生活成本，提高农民参与积极性，是农民合作社横向发展的良好基础。

生产合作社是成员提高收入的关键，生产合作社聚集区域内同类农产品生产者的农产品集中销售，提高谈判地位、稳定市场价格，横向一体化中的生产合作社是在一定区域内特色农产品的、服务产品的合作形成的区域垄断，不但满足本地区内相关农产品的需求，而且将农产品销售其他地区、提高当地生产者收入，虽然也涉及农产品的生产、加工、储藏、包装、流通、销售各环节，但是相对于纵向一体化中的农民合作社，这些生产合作社影响范围小，产品差异化程度高，具有本地特色的非大宗农产品生产。

生产、消费合作社发展到一定的规模以后，农民合作社为了扩张规模需要更多资金投入，所以信用合作是合作社发展的必然要求，包括专业信用合作社以及消费、生产合作社内部信用合作，信用合作可以满足现代农业发展资金需求，降低现有金融机构贷款难、成本高的问题，通过信用合作吸引农民存款封闭运营，仅为合作社、成员服务限制资金的外部溢出，用政府低息贷款优惠政策引导农村资金向农业发展中投入，而不是流入城市。信用合作社可进一步提升农民合作社成员凝聚力和民主监督作用，并可在此基础上构建现代农户的信用评级制度。

人力资源缺乏是制约我国农村发展的重要因素，由于待遇、工作条件、发展空间等因素的影响，农村资源持续向发达地区流入，造成本地人力资源的严重缺乏，“空心村”现象在农村成为普遍问题，青壮劳动力“候鸟式”打工提高了农村整体家庭收入，但是也造成农业生产人力资源的匮乏。在消费、生产、信用合作社发展成熟以后，农民合作社需要培养现代农民、合作企业家等人才作为农民合作社可持续发展的储备人才，为当地农民提高人力资源储备、提供就业机会、增加农民本地性工资收入。农民合作学校是发达国家合作社发展的基础，很多国家在合作社发展初期就比较重视合作教育，一方面为成员提供现代农业生产经营的技术、管理理念，培养现代农民；另一方面培训合作文化，提高农民对合作社了解和认知，形成农民与合作社利益统一的观点，提高成员忠诚度、积极性。而教育扶贫也是我国扶贫工作中的重点，因此可以整合农村教育发展资源与农民合作社教育资源，为本地农民开设现代农民的培训和认证，农民工的技能培训、创业培训，并将合作理念融入日常教育课程中，培养合作社发展的储备人才，打造合作文化。

农民合作社具有关注社区发展的原则，可以根据当地农民的需求开展生活、生活方面的公共服务，如水电暖路的合作、住房合作，环境保护、农业技术推广、农村养老、乡村文明建设、劳务合作等，这些公共服务也是国家基础设施建设的重要内容，通过农民合作社来实施，可以有效降低这些项目的水土不服的问题，通过成员参与提高本土知识的运用和项目的针对性。农民合作社的横向一体化，推进三次产业的融合发展，为农户增加非农就业机会，提供工资性收入，横向一体化包括农业、制造业、服务业，横跨产业有农业、农产品加工、金融、零售、服务业、文化教育、公共服务、建筑业等多个产业，经营产品主要是非大宗的、种类较多特色农产品，当地农民可以在不离开本土的情况下实现农业剩余劳动力向非农业转移，促进了小城镇发展。

7.3.2 农民合作社纵向一体化经营

本章对农民合作社纵向一体化的定义为：经营某种农产品的农民合作社，为了降低交易成本、实现规模经营，在合并其他同类产品生产者的同时，向农业产业链的前向、后向的延伸，从该产品的农业生产领域扩展第二、第三产业的增值链条，前向延伸到产品研发、农资购销、农业技术推广；产中如技术指导、田间管理、农资供应、机械化种植、防虫、采收等环节的农业生产服务领域，后向延伸到农产品深加工、分拣、包装、储藏、运输、销售等环节，并依托农业生产发展生态循环经济、农业休闲旅游等，增强高附加值农业产业链的深入开发与经营，最终在国内达到该类农产品完全垄断或寡头垄断的市场地位。农民合作社纵向一体化有利于农产品市场价格稳定，由农民合作社统一销售农产品、制订农产品价格、控制总产量，一方面防止农产品价格过度波动，对农业生产带来不稳定性，保障农民未来收益的稳定性；另一方面减少单个农户市场交易成本，及时获得有效信息。

农民合作社纵向一体化有利于农业标准化管理、提高食品安全水平；有利于农业生产、研究、推广、教育的一体化，与相关农产品科研机构合作。

农民合作社纵向一体化是在某农产品领域实现生产、加工、储藏、包装、流通、销售等环节的一体化，是农业产业链的前向、后向的延伸，将涉及某种农产品的三次产业的全产业链融合发展，如丹麦 Alrafood 合作社、美国的新奇士橙协会、棉花协会、芬兰的 Valio 奶制品合作社等，这些农民合作社通过生产者的联合形成农产品生产和销售的垄断，为达到总体规模经济，并延伸到农产品的深加工、物流、包装、销售，充分发掘潜在的农产品附加价值提高经营利润，这些农民合作社通过创办合作社下属企业实现扩张、利润增加，还有农民合作社将优质资产打包上市以满足资金发展需求，发达国家农民合作社自办或主导企业而不是我国目前“企业发起合作社”或者“农民 + 合作社 + 企业”的模式。但目前我国大多是农民合作社力量弱小，还不足以对某种农产品进行垄断经营，也不具备与大型农业企业竞争的实力，导致农民合作社在市场经济中依然处于弱势地位，所以我国农民合作社还需要政府进一步的支持。

7.4　以农民合作社为核心的现代农业经营模式的实现路径

农民合作社作为现代农业重要主体之一，为“小、散、乱”经营的贫困农户提供组织化、标准化的生产组织形式和服务，中国大部分农民依然是小规模经营，农民的职业化和家庭农场还需要长期的发展过程，农民合作社提供了更有效率的合作经营方式，通过横向一体化和纵向一体化，将小规模农户纳入现代农业生产体系中，如图7 - 1 所示。

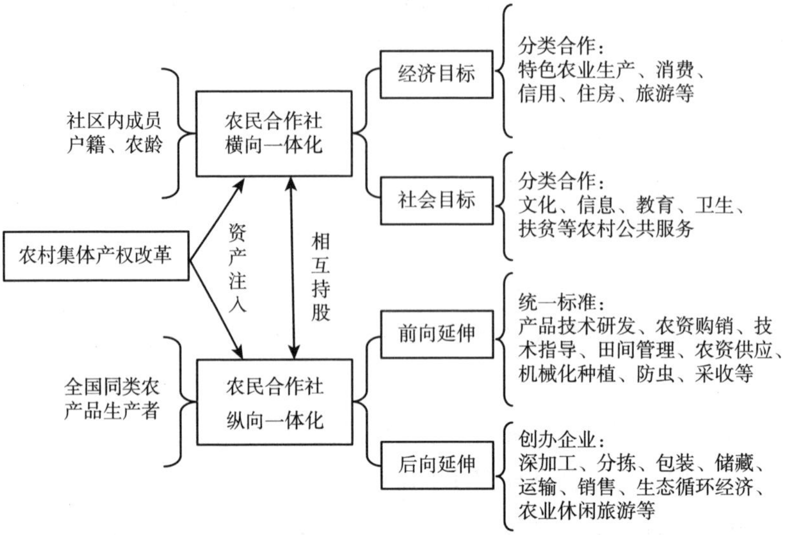

图 7－1　农民合作社横向一体化与纵向一体化实现途径

7.4.1　农民合作社横向一体化实现路径

农民合作社横向一体化可以基于农村集体产权制度改革，根据《中共中央国务院关于稳步推进农村集体产权制度改革的意见》："适应健全社会主义市场经济体制新要求，不断深化农村集体产权制度改革，探索农村集体所有制有效实现形式，盘活农村集体资产，构建集体经济治理体系。"农村集体资产可为农民合作社横向一体化提供巨额的公共积累，根据中央精神盘活这些资产用于提高农民收入，而农民合作社则是农村集体资产良好的载体，合作制度也符合中央民主管理、成员受益的精神。第一，成立农民社区合作社按照规定时间内农龄和户籍归属，构建农民社区合作社的产权制度，将所有本地户口居民纳入合作社中；对村集体资产进行评估，确定资产总额，18 岁以上成员"一人一股"，18 岁以下成员每人 0.5 股，产权确定以后不再更改，不随人口变化而调整，可以继承、转让，集体资产作为不可直接提现，股东享有凭借股份每年获得利润分红的权利。第二，在收益分配方案中，要明确社区发展受益的比例和公共积累的比例，公共积累作为风险基金和意外紧急基金，用于处理突发事件，应对自然灾害。第三，社区发展基金用于社区公共服务、教育、信息、村基础设施建设的基金，这样明确了集体资产的产权和分配方案，确立了村民所有者、使用者、受益者的基础。第四，在资产的管理运营中，采用农民合作社的管理制度，18 岁以上的成员“一人一票”杜绝少数人控制，成员需要交纳会费、入股才能享受农民合作社的服务，一方面提高成员的参与程度和认可度；另一方面为盘活农村集体资产提供一部分流动资金。18 岁以上的成员根据“一人一票”民主选举合作社社长，选举监事会进行监督，社长对成员大会及监事会负责，并负责农民合作社日常管理事务。

现有农村集体资产具有多样性特征，可以根据具体的特征进行出售、入股、抵押、流转、承包，以农民合作社作为农村集体资产的代理人，有利于节约交易成本、接受群众监督，通过多种渠道、方式与社会资金进行合作，但是要坚持农民合作社的主导地位，以农村集体资产的升值、农民收入提高为原则，优先合作社内部成员主导项目。在农村集体资产的盘活和资源整合背景下，农民合作社横向一体化将得到巨大的发展机会，农民合作社可以此为契机发展成员需要的消费、生产、信贷、教育、文化、公共社会服务、住房、旅游、农村建筑、审计、法律咨询、卫生保健、文化娱乐等服务。

7.4.2　农民合作社纵向向一体化实现路径

农民专业合作社区别于农民社区合作社，农民专业合作社是特定农产品生产者的联合，经营范围可以覆盖一个村到全国的生产者，基于特定农产品的合作；农民社区合作社是社区范围内所有居民的联合，以户籍身份为基础的合作，二者可以相互持有股份。农民专业合作社的发展目标是对生产、经营某种农产品的农户联合发展，最终垄断该农产品的国内市场，并实现该农产品前向、后向产业链的延伸。农民专业合作社的纵向一体化首先是成员规模扩张，及生产同类型农民专业合作社的联合发展如收购、合并。农民专业合作社合并到一定规模以后，可以开始前向、后向的扩展，通过深加工提高利润附加值，进一步提高市场占有率；通过生产、管理、技术进一步节约成本，提高市场竞争力。农村集体产权制度改革为农民合作社纵向一体化提供良好的发展机会，在农民社区合作社基础上发展农民专业合作社，将原农村集体生产性资产投入农民专业合作社发展当地主导农业产业，有利于增强农民合作社的经济实力、信贷能力和生产规模，推进农民专业合作社前向、后向延伸的能力。农民专业合作社在纵向一体化过程中，要尊重成员意愿，以成员家庭生产为主要形式，通过对农产品的生产技术和标准来控制产量、食品安全问题。目前我国农产品生产处于结构性失调，卖难问题依然存在，特别是大宗农产品的销售，对分散经营的农户依然是难以解决的问题，因此可以首先构建同类农产品的生产者联盟。

现代农业经营体系的构建要基于家庭土地经营权，土地对于农民来说具有经营收入和社会保障的双重意义，虽然随着农村社会保障制度的完善，土地的社会保障作用逐渐减小，但是土地的心理社会保障作用依然占有重要地位，这也是我国农村土地流转率较低的根本原因，所以“候鸟式”农民工选择粗放式农业经营方式，尽管农业经营收益率较低也不愿意放弃土地经营权。我国的现代农业经营体系要以家庭承包经营为基础，保障农户的土地经营权条件下，开展土地流转与合作社发展，对于专业农户鼓励规模扩张发展家庭农场；对于兼业农业鼓励土地流转给其他成员，或让农民合作社的代理经营自己的土地，并交由其他专业农户种植获得土地合作收益、交易量返还的收益，这样农民手中依然有土地经营权；而不是直接将土地流转给合作社经营，再雇用农民进行生产。从国内外经验来看，农民专业合作社直接经营土地雇用农民生产，会增加监管成本、地租成本、提高工资性支出，农民专业合作社要鼓励成员间土地流转和规模提升，重视产品的深加工、销售服务和生产性服务。农民专业合作社是基于家庭经营生产的农产品的合作，用统一标准要求农户生产并提供服务，而不是直接经营土地自己生产农产品。这里可以借鉴国外的经验，限制土地流转主体，所有在农村领域产生的经济收益都通过农民合作社高比例地返还给农民，所有的农业补贴政策针对农民合作社，对土地流转规模达到一定面积的经营者设置一定的门槛和职业认证，这样保护了耕地使用方向和期限，耕地只能在农业经营者之间流转，稳定了耕地也就稳定了农村。

第8章 欠发达地区农民合作扶贫模式发展的政策建议

8.1 整合扶贫规划、明确扶贫载体

我国现有的农民合作社发展资金和扶贫资金来源是多渠道的，管理也是多部门的，中央、省级、县级，农业部门、发改委、扶贫工作小组都有类似的项目计划，这样造成了扶贫与农民合作社发展资源的分散化，没有形成合力协调发展。为了实现规模经济和统一协调发展欠发达地区的农民合作社与扶贫工作，政府需要整合这些资源，协同推动欠发达地区的扶贫合作社发展。通过农民合作扶贫体系，将这些资源整合到欠发达地区的农民合作社发展中来，一方面推动扶贫工作整体效应；另一方面推进合作社发展，从而带动欠发达地区农民组织化、市场化程度的提高，实现扶贫与合作的协调发展。因此，对于贫困地区的农村来说，整合相关的扶贫规划和农民合作社的发展规划是非常重要的工作：首先，统一扶贫规划，针对贫困村的特征制订全面的扶贫发展规划，并以此为依据融合各部门资源；其次：明确载体即农民扶贫合作社，所有外部资源都由农民扶贫合作社统一经营，内部资源由农民合作社整合发展；最后，确定多元化的监管机制，政府、企业、慈善组织、农民都有监管的代表，而且当地农户占有半数以上比例。

农民扶贫合作社成立以后，对整合内部资源对外统一和政府、社会慈善、企业的资源对接，这样多个部门、多种渠道的资源通过农民扶贫合作社统一传递到贫困成员，减少机构的重复设置和人员的重复工作，这需要明确农民合作社作为扶贫载体的地位。具体的扶贫项目由基层农民扶贫合作社提出申请，扶贫合作社总社的专家咨询部结合当地的农民、官员、企业的意见，根据当地自然环境、交通、人力资源等因素统一科学规划，项目方案必须由当地农民扶贫合作社全体成员大会讨论通过，这样避免了扶贫项目水土不服造成资源的浪费，充

分尊重了当地农民的主体地位和建议。规划的基本单位是行政村，对情况类似的连片贫困地区可以多个村庄联合规划，根据当地特色资源、人口结构进行规划，发展特色农业、创意乡村旅游等产业，充分考虑可以利用的政策资源、金融资源、企业资源、农村集体经济资源、村民个体资源、社会慈善资源等，将资源整合后交由农民扶贫合作社运营。

以农民扶贫合作社为载体进行扶贫项目的实施，外部资源根据规划进入农民合作社的账户，按照民主、规范、公平的原则，实现多元化监督机制，这样整合了农民合作社与扶贫工作的资源，提高资金的使用效率，减少部门叠加、科层传递带来的损耗，推进扶贫工作开展的同时提高了农民扶贫合作社自我发展的能力，实现了扶贫的载体统一性和可持续性。

我国政府为了鼓励农民合作社发展出台了很多合作社优惠政策，如税收优惠政策、金融支持政策、财政扶持政策、涉农项目支持政策、农产品流通政策、人才支持政策等。这些政策极大地鼓励了农民合作社的发展，但在实践调研中我们发现很多政策的落地程度还是相对较低：财政资金存在挪用的风险，农民合作社的农产品销售还存在一定的困难，人才缺乏是农民合作社存在的普遍问题，贷款难也是主要问题之一。在现有农民合作社发展政策中，宏观指导的比较多，缺乏可操作的政策和监督，导致现有农民合作社发展良莠不齐，产生了农民合作社的“异化”或者“虚假”的合作，“寻租”行为较多，部分合作社股份较为集中出现了少数人控制的情况。所以农民合作社发展需要不断规范，引导真正民主管理的合作社。现有政策对于发展较好的合作社帮助更多，对于刚起步的合作社引导和支持不足，所以合作社发展政策需要做一些转变，对于欠发达地区合作社的发展有一定的侧重。我们可以借鉴欧美发达国家对农民合作社的支持措施，并将扶贫与农民合作社发展资源整合进一步加大支持力度，扶持强大的农民扶贫合作社覆盖欠发达地区的贫困农户：帮助建立扶贫合作社总社和三级合作社即合作社银行；减少直接财政补贴，加大利率优惠的贷款额度，以农民信用社为基础建立合作银行对扶贫和农民合作社的贷款、成员合作社的存款封闭运营，降低资本流出的可能；建设农民合作社公共服务信息平台，免费为全国的合作社提供信息服务；为农民合作社学校提供教育的支持和补贴；鼓励土地在农民扶贫合作社的内部流通，限制外部资金大规模进入农用土地市场，为农民合作社规模扩展提供一定保护期。

8.2 全国扶贫合作总社的指导和帮助

借鉴国外合作社的发展经验，扶贫合作总社并非管理机构而是全国扶贫合作社的咨询机构，对于有困难的、新兴的合作社全国合作社总社需要给予管理上、操作上、项目选择上、资金扶持上具体的支持，并在学术上不断创新引领合作理论的发展，理论结合实践促进欠发达地区和全国范围内农村微、小、新的合作社的发展。扶贫合作社总社的设置是为建立民主管理的农民合作社体系，为全国扶贫合作社提供交流、互助、统筹发展的平台，而不是将农民扶贫合作社行政化管理成为政府附属机构，二级合作社还是农民扶贫合作社体系的核心，独立自主、自负盈亏；三级合作社即合作社银行是合作的金融机构，合作社总社是咨询机构，对二级、三级合作社都没有管理权。全国扶贫合作社总社的经费来源包括杂志出版、信息服务、咨询服务、政府购买的科研教育服务、社会慈善的捐赠、自有资产的增值、成员的会费等，是全国农民合作社不以盈利为目的的公益性机构。

8.3 农民合作社管理层的激励与制约

农民扶贫合作社的发展需要具有合作社精神的企业家，这些人大多是农村的精英，也是较为富裕的农户，欠发达地区的合作社发展需要这些精英的支持和帮助，同时也要对合作社管理层进行一定制约，防止合作的异化。因此需要给予合作社管理层激励制度，包括精神层面和物质层面：精神层面如领导接见、荣誉证书、媒体宣传等，物质层面主要是经济收入。如何在坚持民主、公平的合作原则基础上给这些农民合作社企业家较好的经济收入，而又不违背合作社的原则是我们需要解决的重要问题。尽管合作社遵循“一人一股、一人一票”原则，但是可以成立合作社子公司从市场化角度鼓励这些合作企业家的参与并给予职位和经济上的回报，农民合作社的优质资产可以组建为新的公司，在农民扶贫合作社绝对控股的情况下，将部分股权对管理层进行期权鼓励，并在市场上公开发售，对合作社管理层的激励也会带动更多的社会人力资源加入欠发达地区的合作社发展中去，如大学毕业生、外地打工农民、退休干部、高校科研人员、企业的职业经理人等。经济激励需要不断创新，在不违反农民合作原则的情况下，给管理者提供合适回报。因此，本书建议政府在农民扶贫合作社的补贴中，做好人力资源的预算，给初期外聘的管理层发工资和补助。此外，还可以通过债券、优先股、绩效提成等方式鼓励管理人员投资。

村干部在农村经济发展中具有重要的作用，并在我国农民合作社发展中扮演领办者、发起人的角色，实践中村干部对农民合作社既有推动作用，也有阻碍作用。本书研究表明，村干部兼任农民合作社管理者具有多重委托代理层次：第一，村干部作为政府的在农村基层的代表，其参与农民合作社的目的在于从政府层面推进农村经济发展，村干部受政府委托参与合作，委托人是政府、代理人是村干部，发展农民合作社也是村干部的政绩，并可以调动更多的村里资源，从这个角度讲村干部具有积极主动的意愿去发展合作社，但是多数农民合作社管理者还没有固定工资，管理合作社增加了个人工作量。第二，村干部作为农民合作社管理层，受成员委托经营合作社，村干部与成员是委托代理关系。第三，村干部自己也从事农业生产，参与农民合作社管理也是自我委托代理关系。村干部具有较多的社会资本、政策信息渠道，掌握村里行政资源，在土地流转、集体资产使用、农村发展项目申请方面具有优势，同时村干部在农村工作时间长、当地知识熟悉有一定的社会地位和权威性，属于农村的精英分子，无论是带动农民参加合作社还是实施农民合作社的管理、项目资金申请方面都有相对优势。通常情况下，村干部与农民合作社管理者如果高度重合"一个班子两个牌子"，那么村干部可以充分利用行政资源推进农民合作社发展，在提高政绩的同时提高个人收入，并带动村民致富，提高个人在村里的社会地位和口碑，有利于其连任获得经济和政治的双重受益。村干部兼任农民合作社管理者能有效提高成员收入提高和推动社区发展。村干部兼任农民合作社管理者是目前合作社成员的理性选择，村干部具有多重角色可以有效推动农村内外部社会、人力资源和资金整合，有利于带动合作社发展。但为了保证农民合作社的公平性、民主性需要对村干部适当的激励和制约，防止股权过度集中带来合作异化现象。

8.4 合作社的合理补贴与慈善的税收激励

农业是弱势、战略性、基础性产业，对于农业的补贴是国际通行做法，目前我国已经逐渐建立农业发展的支持体系，如粮食直补、良种补贴、农机补贴等，农业补贴对农民增收有着重大作用。但是农业补贴受到 WTO 规则的限制，不能超过农业总产值的 8.5%，所以农业补贴前几个途径的增长空间已经不大，未来的补贴方向需要做调整，从"黄箱"调整为"绿箱"。对农民合作社的补贴是国际通用的做法之一，所以未来的农业补贴中可以有一部分对扶贫合作社进行合理补助，发展农业保险，提高农业社会化服务水平和农民组织化程度，并给贫困地区更多的帮助，提高欠发达地区农民福利水平。我国目前的农民合作社的补贴规模和覆盖面都相对较小，而且是偏重于发展较好的农民合作社，小、微合作社很难申请到财政支持，贫困地区的农民合作社补贴就更少。总结我国农民合作社发展的两大障碍：一是人力资源缺乏，二是资金缺乏。本书建议在 WTO 规则下创新补贴路径，增加间接补贴力度，（1）增加对扶贫合作社的补贴力度、侧重贫困地区、中小合作社的补贴。（2）降低小规模合作社贷款门槛、将部分扶贫资金用于贫困地区扶贫合作社的贷款。（3）将扶贫相关政府部门、事业单位、高校研究人员抽调到农民扶贫合作社中进行人力资源的支持，保留原有身份和工资待遇，增加补助、绩效提成、增加上升机遇，弥补扶贫地区人力资源匮乏的问题。（4）加快对农民扶贫合作社总社和合作银行的构建，政府购买合作总社与合作银行的扶贫服务，从而开展全国性的农民扶贫合作社服务，如咨询服务、规划服务、管理服务、财务服务、进出口服务、科技服务、金融服务、信息服务、保险服务等。（5）建立农民合作社学校通过教育方式补贴贫困地区的农户，提高农民对合作社的认知和农业技能。（6）鼓励农民合作社科研和实践工作，提高对农民合作社的科研机构补贴、农民创业补贴力度。（7）鼓励社会慈善机构在欠发达地区组建农民合作社或开展扶贫项目，并有一定资金上的支持。

扶贫事业不仅是政府行为，也是社会行为。随着经济发展、人们收入水平提高，企业社会责任感、公民社会责任感的增加，慈善事业发展越来越快，慈善事业的主要功能之一就是扶贫，帮助社会弱势群体生存和发展。在社会信用机制不完善的情况下，推进慈善事业发展还需要不断创新慈善事业发展路径。通过农民合作扶贫体系，可以实现社会公益慈善资源与欠发达地区扶贫事业的对接，企业、个人、NGO 组织可以对扶贫合作社进行捐款和支持。特别是贫困地区没有劳动力、因病致贫、因灾致贫的家庭，以发展经济模式难以有效脱贫，这就需要政府低保兜底和社会慈善的帮助。因此我们可以成立农民扶贫合作社慈善事业部，帮助有特殊原因无法脱贫的贫困户与慈善团体的对接，减少慈善事业的交易成本，从国际经验来看，较高的税收抵扣制度能够有效地促进企业和个人对慈善、扶贫事业捐助热情，鼓励社会资源向慈善扶贫事业转移。

8.5 农民合作扶贫体系的构建与相关机构的改革

以农民合作社为核心的农民合作扶贫体系发展，需要构建民主管理的农民合作机构，从基层农民扶贫合作社到二级扶贫农民合作社再到农民扶贫合作社总社，本书认为农民扶贫合作体系的管理决策方式是“自下而上”的，而不是“自上而下”的行政管理模式。基层的合作社成员选举代表参与二级合作社管理，二级农民合作社组建农民合作社联社，并推荐农民扶贫合作社总社的成员。总社是咨询机构而不是管理机构，为下属合作社成员提供管理咨询和业务发展咨询服务，从宏观、微观上指导农民合作社发展。二级合作社是农民扶贫合作社发展体系的核心，社长和管理层由全体成员选举产生，并由监事会进行监督对全体成员大会负责。目前我国农民合作社发展水平较低，贫困地区的农民合作社发展程度更低，由农民自发的合作、基础合作社自发联合形成二级合作社，以及合作社的联合社，这个过程是相对漫长的，因此，我们可以在政府部门的帮助下，“从上而下”构建“从下而上”的、民主管理的农民扶贫合作社体系。农民扶贫合作社体系是渐进的、阶段性的，当 2020 年我国实现全面脱贫以后，可以依赖于农民扶贫合作社体系，构建农民合作社体系，继续帮助农民、农村的发展，并将全国农民合作社纳入这个体系中。

本书认为农民合作扶贫体系构建可以结合全国供销合作社、农村信用社、农业科技推广单位的改革。这三个机构建立的最初目的是解决农民、农村、农业的发展问题，供销合作社提供商品流通服务、农村信用社提供金融服务、农业科技推广提供农业技术服务。随着时代的变化，这三个机构成为事业单位或者政策性金融机构，这些机构参与或者领办的农民合作社政策强，对政府依赖严重，容易发生政府干涉过多的问题。结合我国政府机构精简和改革目标，本书认为可以将这三个机构的改革与农民合作扶贫社体系构建融合起来。扶贫工作需要人力资源和资金的投入，这也是贫困地区最为缺乏的，利用这三个机构在全国的网络资源和特长将有利于农民扶贫合作社的发展。抽调到农民扶贫合作社的员工依然保留原有的身份和工资来源，但是为农民扶贫合作社工作，考核也是依据农民扶贫合作发展水平考核，这也相当于国家农民合作扶贫的人力资源和资金的支持，强化了农民扶贫合作的金融扶贫、品牌扶贫、科技扶贫的三个功能，并实现了三个机构资源的有效整合。

为了保持农民扶贫合作社独立性，这三个机构不参与基层和二级合作社发展，将其部分人力资源和资金放到三级合作社和总社中，在扶贫体系培养阶段负责三级合作社和总社的运营。如第 3 章所示，三级合作社主要承担合作社银行的功能，封闭运营为扶贫合作社和其成员提供资金服务，国家的财政资金和优惠贷款，成员和合作社资金都由合作社银行监管，而农村信用社现有的专业人员可以承担这方面的工作，将这些员工抽调到合作社银行工作足以满足三级合作社的发展需求。

供销合作社在农产品流通方面具有较强的优势，可以将这些优势和人力资源放入农民扶贫合作社总社的咨询机构，为欠发达地区农民生产性扶贫合作社提供销售的渠道和价格指导，帮助基层的农民合作社与消费者的对接，保证农产品的销路和价格。

农业科技是扶贫工作中的重要内容，包括农业生产的标准化、农业生产环境的保护、产量和质量的提升等，科技扶贫是农业科技推广部门的强项，农业科技推广部门推广网络覆盖面广、实用技术较多，基层科技推广人员更是扶贫工作中的骨干，将这些人员纳入农民合作扶贫总社的咨询部和基层网络中，将极大提高合作社科技扶贫的能力。

8.6 整合盘活农民资产和农村集体经济资产

扶贫工作中需要激发欠发达地区内部动力，整合农村、社会、政府、企业的多种资源，外部资源的进入需要首先整合内部发展资源。由于整体经济水平相对落后，贫困地区的经济资源会受到忽视，因此整合、盘活农民、农村经济资源非常重要。对农民来说，首先是土地、劳动力、房屋、资金的盘活和整合，以农民扶贫合作社为载体，将成员土地整合，实现规模经营和生产成本的降低，在扶贫合作总社的指导下，开展特色农业；贫困农户可以通过多种途径加入合作社，如土地合作、劳动力合作、金融合作，并在土地确权以后进行土地、房屋抵押来获得贷款。适合发展旅游的地区，更需要在农民合作社帮助下与外界资本进行谈判、合作，提高本地农民在旅游开发中的利益。通过农民扶贫合作社可以将土地、劳动力、固定资产、资金整合统一经营，实现标准化农业生产、利用品牌和生态环境提高产品的附加值。

农村集体经济资产是当地村民的共同利益，也是农民扶贫合作社发展重要基础，虽然很多农村集体企业在欠发达地区的农村已经不存在，但是集体土地、房屋、无形资产还是可以整合和利用的，这都可以作为基层农民扶贫合作社的原始资本积累。通过整合农民扶贫合作社成员和农村的资产，农民扶贫合作社就有了发展的基础，可以作为整个农村社区的代表与外来的资本进行对接，实现整村推进扶贫模式。基层农民扶贫合作社的发展，需要得到合作社总社的咨询服务，确定具体的扶贫项目、营销方式、科技应用，结合自身的资产和国家优惠政策，从合作社银行申请贷款和政府财政支持。

研究表明，土地规模对农民合作社绩效有着较大的影响，但并不是说规模越大越好，再一次证明适度规模的家庭农场对农民合作社发展有着重要的作用。因此，我们要推进农民合作社对土地的整合，整合的途径有以下方式：第一，成员间的土地流转，鼓励成员间的土地流转在不改变土地用途的情况下，适度扩大专业农户的经营规模；第二，成员将土地委托给农民合作社经营并获得约定的收益，可以用入股、租赁、委托等多种方式，将土地交给农民合作社集中经营，土地集约化经营可以降低生产成本，进一步调动农民合作社的经营绩效。

8.7 农民扶贫合作社功能的多元化

农民扶贫合作社可以理解为一种模式，而不是具体的某个类型的合作社，基于这个模式我们可以构建功能多元化的农民扶贫合作社，可以是综合性的也可以是专业性的，并根据农民的不同要求来构建。例如，按照农业产业来分，包括粮食合作、旅游合作、花卉合作、蔬菜合作等；根据当地特色农业来划分；按照服务功能来分，包括慈善扶贫合作、金融合作、农业机械合作、农业社会化服务合作、用水合作、消费合作、教育合作等；按照服务范围来分，包括农村社区合作、跨社区合作社。农民扶贫合作社功能是多元化的，一个综合性的合作社可以有多种功能，也可以一个社区有多种不同功能的合作社，用不同的方式覆盖欠发达地区农民生产、生活。

本书认为，农业保险是扶贫的工具，可以有效降低贫困发生率，农民合作社作为农民经济利益的代表可以经营适合的农业保险，以提高农民应对自然灾害和意外风险的能力。从政府补贴的角度，通过农民合作社对农民的间接保险补贴可以在 WTO 规则限制内，提高对农民的补贴力度，是农业补贴路径创新；对农民合作社来说，经营农业保险增加了经济实力和服务功能，提高组织的可持续发展能力；对农户来说，农民合作社经营的农业保险信任程度更高，服务更有保证；

对保险企业来说，联合农民合作社参与经营保险有效降低农业保险的交易成本，提高经营效率。

在农民扶贫合作社发展中，最为重要的资源是成员，也就是欠发达地区的农民，虽然政府能够提供项目帮助和一定的人力资源帮助，但自我发展才是根本的脱贫路径，贫困人口的人力资源提高才能真正实现脱贫，内因是发展的根本动力。调研中本书也发现，相当多的农民对农民合作社了解程度较低，加入合作社也只是响应政府或发起人的号召，对合作社关心程度较低，并不理解农民合作社利益与自身利益的统一。外部资源的帮助只能是一个阶段的，未来农民合作社的发展还是要依靠农民，从成员中选举合适管理人员，才能真正代表农民自身利益。对农民的培训、对农民的职业化教育、合作教育都是非常关键的，虽然不能马上见效，但这是长期发展战略的需要，未来我国现代农业的经营必然是依靠职业农民。本书认为，在全国农村建立农民合作社学校是非常必要的，一方面，培养职业农民、合作社企业家；另一方面，对农业流出的劳动力进行培养，鼓励剩余劳动力到城市工作、落户，减少农业直接就业人口，推进农业的适度规模。农业合作社学校可以与职业教育、农民科技教育、基础教育、学历教育相结合，充分利用和改革现有农村教育资源，成为职业农民的培养基地。为本地合作社发展提供良好的人力资源储备。在研究芬兰合作社中本书发现，很多管理层都是从成员中选举产生，这些农民具有较高学历和丰富职业经验，有的还具有博士学位，所以现代农业中的职业农民和我国传统农业中的农民是不同的概念。

8.8 农民扶贫合作社的独立性

在农民合作社发展中，政府、企业领办的农民合作社占有重要的组成部分，这些合作社的独立性较差，对政府、企业有着较强的依赖。在政府领办的农民合作社，一旦政府支持撤回农民合作社往往陷入困顿，在某种程度上讲合作社成了政府部门的附属机构，主要作用是传达政府的政策、执行扶贫或农业项目，而不是以农民为主体，合作社运营和决策多是依赖于政府指导，无法充分体现成员意愿和需求。在企业领办的农民合作社中，企业处于主导地位，企业的经营目标是追求利润最大化，他们兴办合作社的目的就是占有一定的原料基地和农村市场，农民合作社大多是作为原料的生产车间，在定价和质量方面都处于劣势地位，对企业依赖严重，在市场价格好时能获得较好的价格改进，市场价格低迷时面临企业违约的风险。这两种合作社规范程度较差，缺乏独立性，不能有效体现合作的真正原则，因此，在未来的合作社发展中要去行政化、去企业化，政府侧重宏观政策的制定、财政支持和监管，具体运营需要农民合作社的自我管理；鼓励有条件的合作社或者合作社的联合社去组建合作社附属企业，并以附属企业的名义去与其他企业合作、资本市场对接。

参考文献

[1] 2013年11月12日，习近平在中共十八届三中全会第二次全体会议上讲话.

[2] 2015年社会服务发展统计公报，2016-07-11，民政部门户网站.

[3] 安慧. 农村集体资产经营管理公司的理财目标与农民股东利益保护——基于多重叠加、延伸式委托代理的视角 [J]. 农村经济，2011 (7)：72-76.

[4] 白文周，吴义周. 中国特色农业现代化道路的内涵及实现途径 [J]. 经济问题探索，2008 (5)：52-55.

[5] 白选杰. 构建农户生产与农产品期货市场对接桥梁 [J]. 求索，2012 (7)：35-37.

[6] 保继刚，孙九霞. 雨崩村社区旅游：社区参与方式及其增权意义 [J]. 旅游论坛，2008，(4)：58-65.

[7] 蔡胜勋. 期货市场的嵌入与订单农业组织形式的演进 [J]. 河南大学学报（哲学社会科学版），2011，51 (3)：47-52.

[8] 蔡胜勋. 我国农民利用农产品期货市场的再思考 [J]. 河南大学学报（哲学社会科学版），2008，48 (3)：60-65.

[9] 曹东勃. 家庭农场：一种激活本土性资源的有益尝试——基于松江楠村的调查 [J]. 社会科学研究，2014 (1)：42-48.

[10] 曹国庆，翁贞林，郑瑞强. 新型农业生产经营模式：本质特征、发展动力与培育原则 [J]. 农林经济管理学报，2014 (1)：49-54.

[11] 陈才．论旅游现象的基本矛盾 [J]. 旅游学刊，2000，(6)：64 – 67.

[12] 陈海鹰，杨桂华．社区旅游生态补偿贡献度及意愿研究——玉龙雪山案例 [J]. 旅游学刊，2015，(8)：53 – 65.

[13] 陈合营，段海波．组建扶贫经济合作社 开展小额贷款扶贫——丹凤县推广孟加拉扶贫模式试点调查 [J]. 理论导刊，1998 (2)：39 – 42.

[14] 陈金香，康绍大．对农户小额信贷融资途径的探究——以河北易县扶贫经济合作社为例 [J]. 经济研究参考，2014 (35)：41 – 43.

[15] 陈琦，何静．专业合作社参与扶贫开发行动分析——来自QZB 茶叶合作社的案例 [J]. 中共福建省委党校学报，2015 (3)：46 – 51

[16] 陈晓华．现代农业发展与农业经营体制机制创新 [J]. 农业经济问题，2012 (11)：36 – 37.

[17] 陈娅玲，马耀峰．基于旅游市场调查的游客旅游体验研究——以桂林市为例 [J]. 西北农林科技大学学报（社会科学版），2006，6 (2)：102 – 106.

[18] 陈银娥，苏志庆，何雅菲．微型金融对女性减贫的影响：基于金融赋权视角的分析 [J]. 福建论坛（人文社会科学版），2015 (3)：30 – 38.

[19] 陈玉宇．印度农村信用合作社的盛衰——农村金融扶贫中的商业原则和政策干预 [J]. 改革，1996 (4) .

[20] 陈志永，李乐京，李天翼．郎德苗寨社区旅游：组织演进、制度建构及其增权意义 [J]. 旅游学刊，2013，(6)：75 – 86.

[21] 仇学琴．乡村旅游开发对少数民族村寨现代化的作用与和谐乡村文化构建探析——以玉溪新平县大沐浴村为例 [J]. 经济问题探索，2008，(10)：133 – 137.

[22] 单磊．利用农村期货合作基金服务“三农”模式探讨 [J]. 中国流通经济，2009，23 (8)：44 – 47.

[23] 单新萍，魏小安．乡村旅游发展的公共属性、政府责任与财政支持研究 [J]. 经济与管理研究，2008 (2)：64-68.

[24] 邓大松，王增文．“硬制度”与“软环境”下的农村低保对象的识别 [J]. 中国人口科学，2008 (5)：18-25+95.

[25] 邓俐．农家院如何对接乡村游大市场——来自重庆石柱县“黄水人家”乡村旅游专业合作社的调查 [Z]．农民日报，2016-3-1.

[26] 刁宗广．中国乡村休闲旅游的兴起、发展和建设刍议 [J]. 中国农村经济，2006 (11)：63-67.

[27] 董江爱，张毅．集体产权与制度治理——农村集体资产资源的治理之道 [J]. 山西大学学报（哲学社会科学版），2016，39 (1)：100-104.

[28] 董婉璐，杨军，程申等．美国农业保险和农产品期货对农民收入的保障作用——以 2012 年美国玉米遭受旱灾为例 [J]. 中国农村经济，2014 (9)：82-86.

[29] 杜金向．发展小型信用担保组织是解决农户贷款难的有效途径 [J]. 农村经济，2006 (1)：68-70.

[30] 杜晓山．非政府组织小额信贷机构可能的发展前景 [J]. 中国农村经济，2008 (5)：4-10.

[31] 杜晓山．建立普惠金融体系 [J]. 中国金融家，2009 (1)：140-142.

[32] 杜晓山，孙若梅．农村小额信贷：国际经验与国内扶贫社试点 [J]. 财贸经济，1997 (9)：11-15.

[33] 杜毅，肖云．扶贫开发政策与农村最低生活保障制度运行衔接研究 [J]. 西北人口，2012 (5)：29-33.

[34] 杜志雄，王新志．加快家庭农场发展的思考与建议 [J]. 中国合作经济，2013 (8)：35-39.

[35] 杜志雄，王新志．中国农业基本经营制度变革的理论思考

[J]. 理论探讨, 2013 (4): 72 - 75.

[36] 段飞. 对农村资金互助社生存基础和发展前景的思考[J]. 武汉金融, 2009 (11): 48 - 49.

[37] 段龙龙, 张樱. 论我国农村集体经济组织公有性质弱化及其应对 [J]. 农村经济, 2013 (9): 87 - 92.

[38] 方菲. 社会排斥视野下农村低保对象的生活图景探究——基于湖北省 X 村和 T 村的调查 [J]. 中国农村观察, 2012 (2): 86 - 96.

[39] 方志权. 农村集体经济组织产权制度改革若干问题 [J]. 中国农村经济, 2014 (7): 4 - 14.

[40] 冯开文, 蒋燕, 高颖. 我国农村微观经济组织从农民组织化到农业一体化的变革 [J]. 经济纵横, 2010 (8): 57 - 60.

[41] 冯开文. 走向农民合作社的农业一体化之路——关于 1978 年以来中国农业一体化发展道路的文献回顾 [J]. 学海, 2008 (3): 110 - 114.

[42] 冯卓, 詹琳. 城镇化进程中农村集体资产管理问题探究[J]. 经济体制改革, 2014 (2): 93 - 96.

[43] 高翔, 李静雅, 毕艺苇. 精准扶贫理念下农村低保对象的认定研究——以山东省某县为例 [J]. 经济问题, 2016 (5): 73 - 79.

[44] 高杨, 薛兴利. 扶贫互助资金合作社试点运行状况分析——以山东省为例 [J]. 农业经济问题, 2013, 34 (6): 43 - 49.

[45] 耿羽. 错位分配: 当前农村低保的实践状况 [J]. 人口与发展, 2012 (1): 68 - 73.

[46] 龚松柏, 闪月. 农业的多功能性与中国新型农业经营体系的构建 [J]. 中共浙江省委党校学报, 2015 (2): 82 - 87.

[47] 郭庆海. 当前农村改革的若干重大问题 [J]. 当代经济研究, 2015, 233 (2): 36 - 43.

[48] 郭晓鸣, 廖祖君, 付娆. 龙头企业带动型、中介组织联动型和合作社一体化三种农业产业化模式的比较——基于制度经济学视

角的分析 [J]. 中国农村经济, 2007 (4): 40 - 47.

[49] 郭晓鸣, 廖祖君. 公司领办型合作社的形成机理与制度特征——以四川省邛崃市金利猪业合作社为例 [J]. 中国农村观察, 2010 (5): 48 - 55.

[50] 郭晓鸣. 中国农村土地制度改革: 需求、困境与发展态势 [J]. 中国农村经济, 2011 (4): 4 - 8.

[51] 郭玉辉. 农村低保与扶贫开发"两项制度"如何有效衔接——以福建省武平县为例 [J]. 人民论坛, 2013 (29): 102 - 104.

[52] 国务院办公厅转发扶贫办等部门关于做好农村最低生活保障制度和扶贫开发政策有效衔接扩大试点工作意见的通知 (国办发〔2010〕31 号), 2010 年.

[53] 国务院办公厅转发民政部等部门关于做好农村最低生活保障制度与扶贫开发政策有效衔接指导意见的通知 (国办发〔2016〕70 号), 2016 年.

[54] 国务院关于在全国建立农村最低生活保障制度的通知 (国发〔2007〕19 号), 2007 年.

[55] 国务院,《中共中央、国务院关于深入推进农业供给侧结构性改革加快培育农业农村发展新动能的若干意见》, 2016 年 12 月 31 日.

[56] 国务院,《中共中央、国务院关于稳步推进农村集体产权制度改革的意见》, 2016 年 12 月 26 日.

[57] 韩国民, 高颖. 西部地区参与式扶贫与农民专业合作社发展的互动研究 [J]. 农村经济, 2009 (10): 116 - 118.

[58] 韩华为, 徐月宾. 农村最低生活保障制度的瞄准效果研究——来自河南、陕西省的调查 [J]. 中国人口科学, 2013 (4): 117 - 125 + 128.

[59] 韩嘉玲, 孙若梅, 普红雁, 邱爱军. 社会发展视角下的中国农村扶贫政策改革 30 年 [J]. 贵州社会科学, 2009 (2): 67 - 76.

[60] 韩迅. 以供销合作社为依托 创建农村扶贫“金桥工程”的思考 [J]. 银行家, 1996 (8): 23-25.

[61] 何植民. 农村最低生活保障政策的公共性问题研究 [J]. 中国行政管理, 2014 (11): 91-94

[62] 贺雪峰, 刘勤. 农村低保缘何转化为治理手段 [J]. 中国社会导刊, 2008 (4): 26-27.

[63] 胡敏. 我国乡村旅游专业合作组织的发展和转型——兼论乡村旅游发展模式的升级 [J]. 旅游学刊, 2009, (2): 70-74.

[64] 胡细英. 农村土地产权市场培育与土地资源优化配置——基于江西集体林权制度改革的实证研究 [J]. 经济地理, 2009, 29 (8): 1370-1374.

[65] 黄承伟. 中国扶贫开发道路研究: 评述与展望 [J]. 中国农业大学学报 (社会科学版), 2016 (5): 5-17.

[66] 黄桂红, 饶志伟. 基于供应链一体化的农产品物流整合探析 [J]. 中国流通经济, 2011, 25 (2): 29-32.

[67] 黄红华. 股份合作制意义再探讨——农村集体资产股份合作制改革的三重意义 [J]. 毛泽东邓小平理论研究, 2004 (9): 71-74.

[68] 黄迈, 董志勇. 复合型现代农业经营体系的内涵变迁及其构建策略 [J]. 改革, 2014 (1): 43-50.

[69] 黄鹏, 刘天坤, 刘艳. 农村贫困地区最低生活保障制度的问题及对策——基于河南省集中连片贫困地区的调研数据 [J]. 社会保障研究, 2015 (1): 75-82.

[70] 黄水人家主页, http: //hsrj. cqszx. gov. cn/gywm/Index. html, 2017 (9) .

[71] 黄延信. 发展农村集体经济的几个问题 [J]. 农村工作通讯, 2015 (9): 40-43.

[72] 黄宗智. 农业合作化路径选择的两大盲点: 东亚农业合作化历史经验的启示 [J]. 开放时代, 2015 (5): 18-35+5.

[73] 黄祖辉，高钰玲．农民专业合作社服务功能的实现程度及其影响因素 [J]. 中国农村经济，2012 (7)：4 -16.

[74] 黄祖辉，王朋．农村土地流转：现状、问题及对策——兼论土地流转对现代农业发展的影响 [J]. 浙江大学学报人文社会科学版，2008，38 (2)：38 -47.

[75] 黄祖辉．现代农业经营体系建构与制度创新——兼论以农民合作组织为核心的现代农业经营体系与制度建构 [J]. 经济与管理评论，2013 (6)：5 -16.

[76] 黄祖辉，俞宁．新型农业经营主体：现状、约束与发展思路——以浙江省为例的分析 [J]. 中国农村经济，2010 (10)：16 -26.

[77] 贾月梅，张翠翠．间接广泛利用期货市场：农民增收的有效途径 [J]. 现代财经-天津财经大学学报，2008，28 (6)：18 -21.

[78] 姜长云．支持新型农业经营主体要有新思路 [J]. 中国发展观察，2014 (9)：61 -65.

[79] 姜松，王钊．农民专业合作社、联合经营与农业经济增长——中国经验证据实证 [J]. 财贸研究，2013，24 (4)：31 -39.

[80] 焦克源，杨乐．扶贫开发与农村低保衔接研究：一个文献述评 [J]. 中国农业大学学报 (社会科学版)，2016，(5)：81 -88.

[81] 康小兰，张明龙，刘滨．合作联社合联契约选择及其影响因素的研究——以江西省为例 [J]. 农林经济管理学报，2015，14 (5)：467 -471.

[82] 孔祥智，楼栋，何安华．建立新型农业社会化服务体系：必要性、模式选择和对策建议 [J]. 教学与研究，2012 (1)：39 -46.

[83] 孔祥智，周振．“三个导向”与新型农业现代化道路 [J]. 江汉论坛，2014 (7)：42 -49.

[84] 寇浩宁．村庄社会基础与农村低保办理模式——基于三个

调查村庄的比较［J］. 江汉论坛，2015（8）：138－144.

［85］匡远配. 中国扶贫政策和机制的创新研究综述［J］. 农业经济问题，2005（8）：24－28.

［86］赖玥，成天柱. 财政扶贫的效率损失——基于财政激励视角的县级面板数据分析［J］. 经济问题，2014（5）：33－37.

［87］兰昊骋. 美国农产品期货市场对我国茶叶发展的启示［J］. 农村经济，2016（4）：125－129.

［88］李丹，张侠. 财政转移支付对国定扶贫县财政支出行为影响的实证研究——基于592个国定扶贫县的考察［J］. 经济理论与经济管理，2015（3）：74－84.

［89］李海娥，熊元斌. 民族村寨居民对所在地旅游形象的感知及其效应研究——以海南省什寒村为例［J］. 兰州学刊，2016，（1）：201－208.

［90］李红玲. 农民专业合作组织的多元扶贫逻辑与公共治理［J］. 贵州社会科学，2014，（7）：133－137.

［91］李宽，熊万胜. 农村集体资产产权改革何以稳妥进行——以上海松江农村集体资产产权改革为例［J］. 南京农业大学学报（社会科学版），2015（2）：8－16.

［92］李乐京，陈志永. 天龙屯堡"政府＋公司＋旅行社＋农民旅游协会"的乡村旅游发展模式研究［J］. 生态经济，2007（6）：117－121.

［93］李明，徐志刚. 小额信贷扶贫的治理机制、运营模式及发展困境——以中国社会科学院"扶贫经济合作社"为例［J］. 农村经济，2011（6）：63－67.

［94］李小云，唐丽霞，张雪梅. 我国财政扶贫资金投入机制分析［J］. 农业经济问题，2007（10）：77－82＋112.

［95］李兴江，陈怀叶. 参与式扶贫模式的运行机制及绩效评价［J］. 开发研究，2008（2）：94－99.

[96] 李永山．我国农民专业合作组织创新模式研究——基于“合作组织＋期货市场”的视角［J］．农业经济问题，2009（8）：50－54.

[97] 李玉新，靳乐山，徐福英．乡村旅游专业合作社成员满意度研究——基于山东省莱芜市C村和F村的调查与比较［J］．西北农林科技大学学报（社会科学版），2013（1）：99－105.

[98] 李增元，葛云霞．集体产权与封闭乡村社会结构：社会流动背景下的农村社区治理——基于温州的调查分析［J］．甘肃行政学院学报，2014（3）：78－87.

[99] 李振刚．我国农村最低生活保障制度目标定位机制的反思——从家计调查到类别身份［J］．广东社会科学，2016（2）：194－205.

[100] 李正强．期货服务三农的新模式［J］．中国金融，2015（15）：43－45.

[101] 梁晨．农村低保政策的基层实践逻辑——以武陵山区某村为例［J］．贵州社会科学，2013（10）：67－71.

[102] 梁晓敏，汪三贵．农村低保对农户家庭支出的影响分析［J］．农业技术经济，2015（11）：24－36.

[103] 梁燕雯．城郊农村社区股份合作制的制度缺陷及创新思路［J］．城市发展研究，2008，15（3）：62－67.

[104] 廖秋林，卜国华，沈守云．基于ISM模型的南宁青秀山景区竞争力研究［J］．经济地理，2012，32（3）：173－176.

[105] 廖祖君，郭晓鸣．中国农业经营组织体系演变的逻辑与方向：一个产业链整合的分析框架［J］．中国农村经济，2015（2）：13－21.

[106] 刘辉，曾福生．农村土地承包经营权权能拓展的思考［J］．农村经济，2014（7）．

[107] 刘俊杰，张龙耀，王梦珺，等．农村土地产权制度改革

对农民收入的影响——来自山东枣庄的初步证据 [J]. 农业经济问题, 2015 (6): 51 - 58.

[108] 刘利. 农户粮食信托合作社发展的案例调查 [J]. 经济纵横, 2015 (9): 17 - 19.

[109] 刘旗, 张继承. 对农产品 "订单 + 期货" 模式的经济学思考——以吉林四平为例 [J]. 经济经纬, 2009 (6): 117 - 120.

[110] 刘荣材. 关于我国农村土地产权制度改革与创新的探讨 [J]. 经济体制改革, 2007 (1): 85 - 89.

[111] 刘水长. 发达地区农村集体资产的管理、营运、监督体系和机制 [J]. 中国农村经济, 2000 (8): 43 - 49.

[112] 刘舜佳. 新型农业经营主体的科技支撑体系研究 [J]. 湖南社会科学, 2013 (6): 138 - 140.

[113] 刘涛. 乡村旅游专业合作社发展研究——基于莱芜城岭村和房干村的案例分析 [J]. 社会科学家, 2012 (1): 77 - 81.

[114] 刘涛, 徐福英. 乡村社区参与旅游中的利益矛盾及协调对策 [J]. 社会科学家, 2010 (5): 91 - 94.

[115] 刘维隆. 以扶贫社为载体 开创扶贫到户新路子 [J]. 中国农村经济, 1997 (12): 45 - 49.

[116] 刘西涛, 王炜. 中国发展现代农业的政策激励机理与影响途径研究 [J]. 学术交流, 2012 (11): 91 - 94.

[117] 刘晓利, 于德运. 建立现代农业制度: 对发展现代农业的另一层面认知 [J]. 社会科学战线, 2007 (6): 82 - 88.

[118] 刘晓梅. 农村低保家庭收入核查机制研究 [J]. 农业经济问题, 2010 (9): 89 - 93.

[119] 刘笑萍. 农村社区股份合作制制度创新路径分析 [J]. 农业经济问题, 2005 (9): 13 - 15.

[120] 刘岩, 于左. 美国利用期货市场进行农产品价格风险管理的经验及借鉴 [J]. 中国农村经济, 2008 (5): 65 - 72.

[121] 刘颖娴，郭红东．资产专用性与中国农民专业合作社纵向一体化经营 [J]．华南农业大学学报（社会科学版），2012，11 (4)：47 – 56.

[122] 刘颖娴，徐旭初，郭红东．不确定性与农民专业合作社纵向一体化经营 [J]．华南农业大学学报（社会科学版），2015，38 (3)：60 – 69.

[123] 刘宇翔．欠发达地区农民合作扶贫模式研究 [J]．农业经济问题，2015 (7)：37 – 45.

[124] 卢文．搞好农村集体资产的经营管理 [J]．农业经济问题，1999 (1)：8 – 13.

[125] 鲁可荣，周洁．农业生产组织对农业社会化服务需求意向及实际满足度分析——基于对浙江省 178 例农业生产组织的抽样调查 [J]．福建论坛（人文社会科学版），2014 (3)：135 – 139.

[126] 吕东辉，李涛．我国粮食流通市场效率分析：基于期货市场的实证研究 [J]．农业技术经济，2011 (5)：105 – 109.

[127] 吕东辉，杨印生，王巍．美国农产品期货市场的发展及启示 [J]．经济纵横，2003 (6)：43 – 47.

[128] 罗丹，吴孟珠．对集体资产合理营运的探讨 [J]．中国软科学，1998 (8)：95 – 98.

[129] 马翀炜，张爱谷．乡村旅游与制度建构——以玉龙县美泉村旅游合作社为例 [J]．广西民族大学学报（哲学社会科学版），2009 (4)：46 – 51.

[130] 马东艳．民族村寨社区旅游居民满意度内驱因素研究 [J]．贵州民族研究，2014 (8)：170 – 173.

[131] 马永伟．农村集体资产产权制度改革：温州的实践 [J]．福建论坛（人文社会科学版），2013 (6)：20 – 25.

[132] 梅青，孙淑荣，刘乂铭．历史街区旅游利益主体的矛盾冲突研究 [J]．济南大学学报（社会科学版），2009 (6)：60 –

64 +90.

[133] 孟铁鑫. 我国乡村旅游合作社建设存在的问题及发展对策 [J]. 江苏农业科学, 2014 (3): 421 -422.

[134] 牛君仪. 乡村旅游转型升级与新型农业经营主体培育 [J]. 农业经济, 2014 (9): 43 -45.

[135] 农业部农村经济体制与经营管理司调研组. 浙江省农村集体产权制度改革调研报告 [J]. 农业经济问题, 2013, 34 (10): 4 -9.

[136] 农业部种植业管理司, 农业部关于印发《全国种植业结构调整规划 (2016 -2020 年)》的通知 [Z]. 2016 -04 -28.

[137] 钱微, 郭艳芹, 新疆农民专业合作社对减贫作用的实证研究 [J], 新疆农垦经济 2012 (10): 39 -44.

[138] 曲福田, 田光明. 城乡统筹与农村集体土地产权制度改革 [J]. 管理世界, 2011 (6): 34 -46.

[139] 人民网, 十八大报告提"收入分配改革"着重提高两个比重, 2012 年 11 月 09 日.

[140] 邵彦敏, 冯蕾. 我国农村集体经营方式创新与机制构建 [J]. 经济纵横, 2014 (4): 66 -69.

[141] 施晓琳. 关于农村集体资产法制化管理的若干建议 [J]. 中国农村经济, 2000 (8): 50 -53.

[142] 宋茂华. 资产专用性、纵向一体化和农民专业合作社——对公司领办型合作社的解析 [J]. 经济经纬, 2013 (5): 35 -41.

[143] 苏晓云, 贫困地区农民合作经济组织实证研究——基于广西凤山县的调查与思考 [J], 毛泽东邓小平理论研究, 2012 (5): 88 -94.

[144] 孙芳, 李云贤. 现代农业经营模式国际发展趋势 [J]. 农村经济, 2009 (10): 33 -37.

[145] 孙亚范, 余海鹏. 立法后农民专业合作社的发展状况和运行机制分析——基于江苏省的调研数据 [J]. 农业经济问题, 2012

(2): 89 – 96.

[146] 汤仁灏，李学勇，罗磊．“GB”信贷扶贫模式的效应思考 [J]. 金融理论与实践，2006 (2): 63 – 65.

[147] 陶玉霞．乡村旅游需求机制与诉求异化实证研究 [J]. 旅游学刊，2015，30 (7): 37 – 48.

[148] 田代贵，马云辉．农村经营性资产与农民财产性收入的波及面：重庆例证 [J]. 改革，2015 (9): 92 – 100.

[149] 万江红，朱良瑛．村庄共同体视域下合作社一体化模式的合法性分析 [J]. 兰州学刊，2010 (7): 102 – 105.

[150] 汪三贵，Albert Park，Shubham Chaudhuri，Gaurav Datt. 中国新时期农村扶贫与村级贫困瞄准 [J]. 管理世界，2007 (1): 56 – 64.

[151] 汪三贵，陈虹妃，杨龙．村级互助金的贫困瞄准机制研究 [J]. 贵州社会科学，2011 (9): 47 – 53.

[152] 汪三贵．反贫困与政府干预 [J]. 农业经济问题，1994 (3): 44 – 49.

[153] 汪三贵，郭子豪．论中国的精准扶贫 [J]. 贵州社会科学，2015 (5): 147 – 150.

[154] 汪上．“三位一体”式现代农业组织体系的战略构建 [J]. 云南社会科学，2011 (6): 130 – 134.

[155] 王爱芝．国外农业合作社的发展趋势及对我国的启示 [J]. 开发研究，2010 (1): 96 – 101.

[156] 王昌海．效率、公平、信任与满意度：乡村旅游合作社发展的路径选择 [J]. 中国农村经济，2015 (4): 59 – 71.

[157] 王春光，孙兆霞，曾芸等．扶贫开发与社会建设同构——武陵山区扶贫开发与社会建设调研项目的发现与思考 [J]. 贵州社会科学，2013 (10): 53 – 57.

[158] 王贵荣，王建军．家庭奶牛养殖水平的影响因素分析——基于新疆奶牛养殖户的问卷调查 [J]. 中国畜牧杂志，2010，46 (10): 13 – 18.

[159] 王华，龙慧，郑艳芬．断石村社区旅游：契约主导型社区参与及其增权意义［J］. 人文地理，2015（5）：106－110.

[160] 王环．我国农村土地产权制度存在的问题与改革策略［J］. 农业经济问题，2005（7）：53－56.

[161] 王辉，崔欣欣．农村低保政策执行中的"合谋"行为研究——以鲁中C镇为例［J］. 东北大学学报（社会科学版），2015（6）：606－612.

[162] 王会战．旅游增权研究：进展与思考［J］. 社会科学家，2013（8）：87－90.

[163] 王敬尧，李晓鹏．城乡统筹进程中的农村集体产权改革——以温州"三分三改"为蓝本［J］. 求是学刊，2012，39（6）：68－75.

[164] 王凯．省际毗邻地区旅游经济的空间矛盾及调控机制探讨［J］. 人文地理，2005（3）：122－125.

[165] 王三秀．可持续生计视角下我国农村低保与扶贫开发的有机衔接［J］. 宁夏社会科学，2010（4）：73－77.

[166] 王鑫斌，林妍．农村小额信贷可持续发展的长效机制研究——以保定市易县扶贫经济合作社为例［J］. 商业会计，2011（12）：15－17.

[167] 王亚飞，唐爽．我国农业产业化进程中龙头企业与农户的博弈分析与改进——兼论不同组织模式的制度特性［J］. 农业经济问题，2013，34（11）：50－57.

[168] 王增文．农村低保救助水平的评估［J］. 中国人口．资源与环境，2010（1）：93－98.

[169] 王征兵．论新型农业经营体系［J］. 理论探索，2016，No. 217（1）：96－102.

[170] 王志刚，樊林峰，丁孟．农村集体经济组织改革模式探析——来自鲁东地区的案例调查［J］. 江汉论坛，2014（12）：24－27.

[171] 魏程琳，史源渊．确保农村最低生活保障效果的制度文本与实践［J］．西北农林科技大学学报（社会科学版），2015（4）：135－140＋149.

[172] 魏敏，颜亚玉．基于利益相关者视角的社区旅游发展模式研究［J］．统计与信息论坛，2008（6）：35－39.

[173] 魏振祥．期货市场促进农民增收的模式分析［J］．中国农业大学学报（社会科学版），2011，28（2）：169－174.

[174] 温铁军．发展综合性合作社才能盘活资源［J］．农村工作通讯，2015（1）：55－55.

[175] 温铁军，王平，石嫣．农村改革中的财产制度变迁——30年3个村庄的案例介绍［J］．中国农村经济，2008（10）：4－12.

[176] 吴彬，徐旭初．农民专业合作社的溢贫性及其机制［J］．农村经济，2009（3）：115－117.

[177] 向阳生．扶贫开发与农村低保制度的有效衔接及评估与改革［J］．贵州社会科学，2013（12）：82－86.

[178] 肖顺武．刍议我国农产品期货市场制度创新的三个核心问题［J］．兰州学刊，2010（7）：90－93.

[179] 邢成举，李小云．精英俘获与财政扶贫项目目标偏离的研究［J］．中国行政管理，2013（9）：109－113.

[180] 徐根兴．发达地区构建农业经营体系的若干坐标——基于对沪、苏、浙农业经营体系调研的思考［J］．浙江社会科学，2014（9）：151－153.

[181] 徐建春，李翠珍．浙江农村土地股份制改革实践和探索［J］．中国土地科学，2013（5）：4－13.

[182] 徐晶慧，重庆石柱黄水人家乡村旅游合作社助民致富［Z］，2012年07月06日16：55，中国经济网，http：//district.ce.cn/zg/201207/06/t20120706_23469751.shtml.

[183] 徐磊．新型农业经营主体的发展建议［J］．宏观经济管

理，2015（9）：69－71.

［184］徐莉，车茂娟．我国农村土地产权制度改革探索［J］．统计与决策，2005（2X）：37－39.

［185］徐薇．现代农业跨越发展的支撑体系与政策选择——基于四川省的实证分析［J］．开发研究，2010（2）：17－21.

［186］徐旭初．农民专业合作社发展辨析：一个基于国内文献的讨论［J］．中国农村观察，2012（5）：2－12.

［187］徐增阳，杨翠萍．合并抑或分离：村委会和村集体经济组织的关系［J］．当代世界与社会主义，2010（3）：16－18.

［188］徐志初．我国现代农业发展面临的问题及对策思考［J］．天府新论，2008（s1）：69－70.

［189］许经勇．我国农村土地产权制度改革的回顾与前瞻——形成有利于保障农民合法权益的土地产权制度［J］．经济学动态，2008（7）：68－72.

［190］闫丽娟，王玉君．民族地区金融扶贫互助合作社调查与思考——以撒拉族某村为例［J］．求索，2011（12）：104－105.

［191］闫云仙，张越杰．美国玉米期货市场功能发挥的经验及启示［J］．农业经济问题，2011（7）：106－109.

［192］阳宁东，邓文．农民专业合作社在乡村社区旅游中的运用［J］．农村经济，2012，（03）：125－128.

［193］杨方义．试析中国西南山地社区生态旅游合作社网络的建立［J］．生态经济，2005（3）：104－106.

［194］杨宏翔，王槐生，杨继友．现代产权制度视角下的农村社区股份合作制［J］．理论探讨，2005（1）：64－66.

［195］杨新元，孔勇，陈镇．农村集体资产股份合作制改革的紧迫性、主要难点及对策建议——以四川省为例［J］．农村经济，2015（11）：92－94.

［196］杨亚．农村集体资产股份合作制改革的思考——以四川

省为例 [J]. 农村经济, 2016 (2): 124 – 127.

[197] 杨玉敬. 从土地流转悖论重审现代农业经营体系之构建 [J]. 西北农林科技大学学报社会科学版, 2016, 16 (5): 63 – 67.

[198] 杨振强, 杨秋宝. 从农业生产效率角度探析我国农村土地产权制度改革 [J]. 学术论坛, 2016 (1): 31 – 36.

[199] 叶兴庆. 集体所有制下农用地的产权重构 [J]. 毛泽东邓小平理论研究, 2015 (2): 1 – 8.

[200] 易开刚, 俞富强. 基于共生视域的"农家乐"经营模式创新研究 [J]. 商业研究, 2010 (5): 85 – 88.

[201] 游玲玲, 推动现代农业发展促进农村扶贫开发——加快增城市农民专业合作社发展的设想 [J], 经济视角, 2011 (10): 159 – 163.

[202] 袁方成. 治理集体产权: 农村社区建设中的政府与农民 [J]. 华中师范大学学报人文社会科学版, 2013, 52 (2): 1 – 17.

[203] 苑鹏. "公司 + 合作社 + 农户" 下的四种农业产业化经营模式探析——从农户福利改善的视角 [J]. 中国合作经济, 2013 (7): 13 – 18.

[204] 苑鹏、刘同山. 发展农村新型集体经济的路径和政策建议 [J]. 毛泽东邓小平理论研究, 2016 (10): 23 – 28

[205] 苑鹏、张瑞娟, 新型农业经营体系建设的进展模式及建议 [J]. 江西社会科学, 2016 (10): 47 – 53.

[206] 曾福生. 中国现代农业经营模式及其创新的探讨 [J]. 农业经济问题, 2011 (10): 4 – 10.

[207] 粘凌燕. 城郊居民区集体经济改制公司运行对策研究 [J]. 湖南社会科学, 2014 (2): 189 – 191.

[208] 张广智, 王军茂, 魏国强. 河南省现代农业发展的现状、问题及政策建议 [J]. 中国农村经济, 2007 (s1): 71 – 74 + 79.

[209] 张红宇. 关于深化农村改革的四个问题 [J]. 农业经济问

题，2016（7）：4 – 11.

［210］张洪．我国乡村旅游发展中的政府职能定位［J］．经济管理，2008（17）：14 – 17.

［211］张晖．城乡一体化背景下农村集体经济的演进与反思［J］．中州学刊，2015，No. 221（5）：54 – 59.

［212］张辉，成英文．中国旅游政策供需矛盾及未来重点领域［J］．旅游学刊，2015（7）：6 – 7.

［213］张建，诸培新，王敏．基于内生交易费用的农村集体资产股份制改革［J］．华南农业大学学报（社会科学版），2016，15（5）：11 – 19.

［214］张利国．垂直协作方式对水稻种植农户化肥施用行为影响分析——基于江西省 189 户农户的调查数据［J］．农业经济问题，2008，29（3）：50 – 54.

［215］张利庠，张喜才．我国现代农业产业链整合研究［J］．教学与研究，2007，V（10）：14 – 19.

［216］张晓明，郭英，杨杰．景区资源整合与农村可持续发展模式研究——以星子县为例［J］．生态经济，2009（10）：88 – 90.

［217］张晓山．农民专业合作社的发展趋势探析［J］．管理世界，2009（5）：89 – 96.

［218］张学会，王礼力．农民专业合作社纵向一体化水平测度：模型与实证分析［J］．中国人口资源与环境，2014，24（6）：37 – 44.

［219］张扬．试论我国新型农业经营主体形成的条件与路径——基于农业要素集聚的视角分析［J］．当代经济科学，2014，36（3）：112 – 117.

［220］张一，邱洁威，邵林涛，崔建周，孟祥丰．乡村旅游拉力动机的结构及旅游者类型分析［J］．干旱区资源与环境，2014，28（10）：191 – 196.

［221］张滢．以合作社为核心的丹麦猪肉产业组织体系：组织架

构、制度特性与经验借鉴 [J]. 中国农村经济，2016 (1)：83 –91.

[222] 张振江．农业大省现代农业建设问题研究——以河南省为例 [J]. 经济经纬，2009 (4)：114 –117.

[223] 赵全军．股权改制的适应性效率与结构性困境探析——宁波市江东区社区股份合作制改革的经验研究 [J]. 农村经济，2008 (4)：106 –110.

[224] 赵伟峰，王海涛，刘菊．新型农业经营主体科技支撑体系的内涵、类型与架构设计 [J]. 科技管理研究，2015，35 (24)：55 –59.

[225] 赵霞．农民专业合作社下我国观光农业旅游发展研究 [J]. 农业经济，2014 (7)：47 –49.

[226] 赵晓飞，田野．农产品流通领域农民合作组织经济效应的动因与作用机理分析 [J]. 财贸研究，2016 (1)：52 –61.

[227] 赵晓峰，邢成举．农民合作社与精准扶贫协同发展机制构建：理论逻辑与实践路径 [J]. 农业经济问题，2016 (4)：23 –29.

[228] 赵悦，石美玉．非物质文化遗产旅游开发中的三大矛盾探析 [j]. 旅游学刊，2013 (9)：84 –93.

[229] 郑风田，赵淑芳等．城市化过程中“农转居”与农村集体资产改制问题研究 [J]. 中州学刊，2005 (6)：27 –31.

[230] 郑有贵．村社区性集体经济组织是否冠名合作社——以福建省仙游县村经济合作社为例 [J]. 管理世界，2003 (5)：96 –100.

[231] 志新．城市化中的农村集体产权制度改革——以江苏无锡为个案 [J]. 求索，2006 (5)：76 –78.

[232] 中共中央、国务院关于打赢脱贫攻坚战的决定，2015 年．

[233] 中共中央国务院，关于落实发展新理念加快农业现代化实现全面小康目标的若干意见，2016 年 1 月 27 日．

[234] 中国人民银行保定市中心支行课题组，李庆，霍东升，

刘海彬．易县扶贫合作社试点对培育农村小额信贷组织的启示［J］. 中国金融，2007（12）：73－74.

［235］中国人民银行达州市中心支行课题组，肖启义，徐志明，等．新型农村资金互助合作社发展问题研究——以四川省新试点8家农村资金互助合作社为例［J］. 西南金融，2016（1）：64－71.

［236］中华人民共和国国家统计局，http：//www.stats.gov.cn/tjsj/zxfb/201802/t20180201_1579703.html，2018年2月1日．

［237］《中华人民共和国农民专业合作社法》，2007.

［238］周润书，程守红．功能视角下城镇化进程中农村集体经济收不抵支的思考——以东莞市为例［J］. 农业经济问题，2013（5）：56－62］

［239］周杨．旅游圈资源整合与市场协同开发研究［J］. 经济管理，2009（10）：106－114.

［240］周应恒．新型农业经营体系：制度与路径［J］. 人民论坛·学术前沿，2016（18）：74－85.

［241］周永广，姜佳将，王晓平．基于社区主导的乡村旅游内生式开发模式研究［J］. 旅游科学，2009，23（4）：36－41.

［242］朱竑．从五种矛盾论旅游资源分类、调查与评价的国际视野和发展眼光［J］. 旅游学刊，2005（6）：8－9.

［243］朱显岳．扶贫型农村互助基金合作社可持续发展研究——基于浙江省龙泉市的调查［J］. 农业经济问题，2011，32（5）：95－98.

［244］左冰．旅游增权理论本土化研究——云南迪庆案例［J］. 旅游科学，2009，23（2）：1－8.

［245］Abebaw D，Haile M G. The impact of cooperatives on agricultural technology adoption：Empirical evidence from Ethiopia［J］. Food policy，2013，（38）：82－91.

［246］Allahdadi F. The contribution of agricultural cooperatives on poverty reduction：a case study of Marvdasht，Iran［J］. Journal of American science, 2011, 7 (4): 22 -25.

[247] Basu P, Chakraborty J. Land, Labor, And Rural Development: Analyzing Participation In India's Village Dairy Cooperative [J]. Professional Geographer. August 2008; 60 (3): 299 -313.

[248] Bernard T, Spielman D J. Reaching the rural poor through rural producer organizations? A study of agricultural marketing cooperatives in Ethiopia [J]. Food Policy, 2009, 34 (1): 60 -69.

[249] Bernard T, Spielman D J, Seyoum Taffesse A, et al. Cooperatives for staple crop marketing: Evidence from ethiopia [M]. Intl Food Policy Res Inst, 2010.

[250] Birchall J. Cooperatives and the millennium development goals [M]. Geneva: International Labour Office, 2004.

[251] Braverman A. Promoting rural cooperatives in developing countries: the case of sub-Saharan Africa [M]. World Bank, 1991.

[252] Bwana K M, Mwakujonga J. Issues in SACCO development in Kenya and Tanzania: The historical and development perspectives [J]. The International Institute for Science, Technology and Education Journal, 2013, 3 (5): 114 -123.

[253] Carini C, Carpita M. The impact of the economic crisis on Italian cooperatives in the industrial sector [J]. Journal of Co-operative Organization and Management, 2014, 2 (1): 14 -23.

[254] Chen M A, Jhabvala R, Kanbur R, et al. Membership based organizations of the poor: concepts, experience and policy [M]. New York, NY: Cornell University, 2006.

[255] Chikwendu E. Women, Cooperatives And Economic Recovery In Nigeria [J]. Dialectical Anthropology. September 1997; 22 (3/4): 353.

[256] Coren C, Clamp C. The Experience of Wisconsin's Wine Dis-

tribution Co-operatives [J]. Journal of Co-operative Organization and Management, 2014, 2 (1): 6 - 13.

[257] Fafchamps M. Market institutions in sub-Saharan Africa: Theory and evidence [M]. MIT Press Books, 2004, 1.

[258] Farming Cooperative Credit Sections: A Swot Analysis [J]. Annals Of Public And Cooperative Economics, June 2011, 82 (2): 167 - 186

[259] Getnet K, Anullo T. Agricultural Cooperatives And Rural Livelihoods: Evidence From Ethiopia [J]. Annals Of Public & Cooperative Economics. June 2012; 83 (2): 181 - 198.

[260] Gulen Ozdemir, Women's Cooperatives in Turkey [J], Procedia-Social and Behavioral Sciences, 2013, Vol. 81: 300 - 305.

[261] Gurung T B. Restoration of small lakes through cooperative management: A suitable strategy for poverty-laden areas in developing countries? [J]. Lakes & Reservoirs: Research & Management, 2007, 12 (4): 237 - 246.

[262] Hannan R. The institution of co-operation: A pathway from governance to spillover and poverty reduction [J]. Journal of Co-operative Organization and Management, 2014, 2 (1): 34 - 42.

[263] Hellin J, Lundy M, Meijer M. Farmer organization, collective action and market access in Meso-America [J]. Food Policy, 2009, 34 (1): 16 - 22.

[264] Holloway G, Nicholson C, Delgado C, et al. Agroindustrialization through institutional innovation Transaction costs, cooperatives and milk-market development in the east-African highlands [J]. Agricultural economics, 2000, 23 (3): 279 - 288.

[265] Holmén H. State, cooperatives and development in Africa [M]. Nordic Africa Institute, 1990.

[266] Hunter G. A Hard Look at Directing Benefits to the Rural Poor

and at'participation' [M]. ODI, Agricultural Administration Unit, 1981.

[267] Hussi P, Murphy J, Lindberg O, et al. The development of cooperatives and other rural organizations: The role of the World Bank [M]. The World Bank, 1993.

[268] ICA (1995). "Statement on the Co-operative Identity". Geneva: International Cooperative Alliance.

[269] Ito J, Bao Z, Su Q. Distributional effects of agricultural cooperatives in China: Exclusion of smallholders and potential gains on participation [J]. Food Policy, 2012, 37 (6): 700 -709.

[270] JoannidÈS V, Ferraud-Ciandet N, Cortese C. Special Issue On Cooperatives: A Mode Of Governance And Accountability For A Better World?: Journal Of Accounting & Organizational Change [J]. Critical Perspectives On Accounting. September 2012; 23 (6): 493 -494.

[271] Johnston B, Ilo G. Rediscovering the cooperative advantage: Poverty reduction through self-help [M]. Geneva: International Labor Organization, 2003.

[272] Jones P A. From tackling poverty to achieving financial inclusion—The changing role of British credit unions in low income communities [J]. The Journal of Socio-Economics, 2008, 37 (6): 2141 -2154.

[273] Kwapong N A, Hanisch M. Cooperatives and Poverty Reduction: A Literature Review [J]. Journal of Rural Cooperation, 2013, 41 (2): 114 -146.

[274] Lele U. Co-operatives and the poor: A comparative perspective [J]. World Development, 1981, 9 (1): 55 -72.

[275] Majee W, Hoyt A. Cooperatives and community development: A perspective on the use of cooperatives in development [J]. Journal of Community Practice, 2011, 19 (1): 48 -61.

[276] Markelova H, Meinzen-Dick R, Hellin J, et al. Collective ac-

tion for smallholder market access [J]. Food policy, 2009, 34 (1): 1 -7.

[277] Ma W, Abdulai A. Does cooperative membership improve household welfare? Evidence from apple farmers in China [J]. Food Policy, 2016, (58): 94 -102.

[278] Michael Halse, Increasing The Incomes Of Landless Labourers And Small-Holders—Part 1: The Experience Of India's Dairy Co-Operatives [J]. Agricultural Administration, November 1980, 7 (4): 259 -272.

[279] Oczkowski E, Krivokapic-Skoko B, Plummer K. The meaning, importance and practice of the co-operative principles: Qualitative evidence from the Australian co-operative sector [J]. Journal of Co-operative Organization and Management, 2013, 1 (2): 54 -63.

[280] Parnell E. The Role of Cooperatives and other Self-Help Organizations in Crisis Resolution and Socio-Economic Recovery [M]. ILO, 2001.

[281] Pollet I. Cooperatives in Africa: the age of reconstruction: synthesis of a survey in nine African countries [M]. ILO, 2009.

[282] Ranis P. Argentine Worker Cooperatives In Civil Society: A Challenge To Capital-Labor Relations. Workinpaper [J]. March 2010; 13 (1): 77 -105.

[283] Richard Simmons, Johnston Birchall, The Role Of Co-Operatives In Poverty Reduction: Network Perspectives [J], The Journal Of Socio-Economics, December 2008, 37 (6): 2131 -2140.

[284] Riordan M H, Williamson O E. Asset specificity and economic organization [J]. International Journal of Industrial Organization, 1985, 3 (4): 365 -378.

[285] Rondot, Pierre, and Marie-Hélène Collion. 2001. Agricultural Producer Organizations: Their Contribution to Rural Capacity Building and Poverty Reduction—Report of a Workshop [Z], Washington, D. C., 1999

(07) 28 -30. RDV, World Bank, Washington.

[286] Ruben, R. And Heras, J., Social Capital, Governance And Performance Of Ethiopian Coffee Cooperatives [J]. Annals Of Public And Cooperative Economics, December 2012, 83 (4): 463 -484.

[287] Sanchis-Palacio, J. R. And Melián-Navarro, A., Strategic Diagnosis Of SpanishShaw L, Bateman M. Making a difference: Co-operative solutions to global poverty [M]. Co-operative college, 2005.

[288] Simmons R, Birchall J. The role of co-operatives in poverty reduction: Network perspectives [J]. The Journal of Socio-Economics, 2008, 37 (6): 2131 -2140

[289] Sumelius J, Tenaw S, Bee F K, et al. Agenda on cooperatives for development cooperation in Tanzania [J]. Journal of Co-operative Organization and Management, 2015, 3 (2): 98 -100.

[290] Tilahun M, Maertens M, Deckers J, et al. Impact of membership in frankincense cooperative firms on rural income and poverty in Tigray, Northern Ethiopia [J]. Forest Policy and Economics, 2016, 62: 95 -108.

[291] Verhofstadt E, Maertens M. Smallholder cooperatives and agricultural performance in Rwanda: do organizational differences matter? [J]. Agricultural Economics, 2014, 45 (S1): 39 -52.

[292] Wanyama, Fredrick O.; Develtere, Patrick; Pollet, Ignace. Encountering the Evidence: Co-operatives and Poverty Reduction in Africa [J]. Journal of Co-operative Studies, December 2008, 41, (3): 16 -27.

[293] Wiskerke J S C, Bock B B, Stuiver M, et al. Environmental co-operatives as a new mode of rural governance [J]. NJAS-Wageningen Journal of Life Sciences, 2003, 51 (1): 9 -25.